ダウジングって何ですか？

田口ランディ
加藤展生

五感を越える。
未知の領域へ、
アクセスする。

五感を越える。
未知の領域へ、
アクセスする。

ダウジングって何ですか?

誰でしょう？
ペンデュラムを
動かしているのは。

自分の潜在意識に自分で
〝電話〟をかけられるのだから、
あえて他人の潜在意識を
借りる必要はないんだって
わかりますね。
自分が信頼できる相手に
〝電話〟をかければいいわけ。

僕の場合、考えて努力したことは、
何ひとつ叶っていません。
それより、
偶然起こったことから
思いもしない結果に導かれたり、
頑張らないときの方が、
うまくいきました。

写真撮影　桜井 飛鳥
ブックデザイン　ホノカ社
コラム原稿　加藤 展生、ホノカ社

まえがき　占いでも、超常現象でもありません

ＪＳＤ日本ダウジング協会　加藤　展生

まず、僕がダウジングという分野に取り組むことになった経緯を、少しお話させていただこうと思います。

最初にダウジングのことを知ったのは、小学生の頃に夢中で読んでいた科学雑誌です。Ｌロッドを紹介していて、地中の水道管を探す方法が掲載されていました。好奇心旺盛な少年だった僕は、針金を折り曲げてＬロッドを自作し、雑誌に書いてあるとおりに握って歩き、水道管を探しました。そして、水道管の上でたしかに自然とＬロッドが動いたのでした。

「不思議だ、面白い！」

と、ひどく興奮した記憶はありますが、ただ当時は、それ以上何に使えるのか思いつき

もしなかったせいか、それきりダウジングのことは忘れてしまいました。

30歳を過ぎた頃、僕は工業製品メーカーで営業をしながら、ヒーリングサロンを立ち上げる準備をしていました。

あるフラワーエッセンスの講習会に出席したとき、エッセンスのレメディをペンデュラムで選ぶ技法を教えており、そこで初めてダウジングを学びました。

イギリスのクリスタルヒーラーを招いて、ワークショップを開いたときのこと、運命的な出会いが待っていました。

「いったい、それは何なのですか？」

と、思わず聞いたほどです。そのクリスタルヒーラーは、クリスタルが専門分野だというのに、真鍮《しんちゅう》製のペンデュラムを使っていました。ちなみに、後で知ったことですが、なぜ真鍮製かと言えば、物質的にニュートラルで外部からの影響を受けにくいからです。逆に、天然石はエネルギーを記憶しやすい性質があります。

「これは、エジプトの神聖図形（ジェド／Djed）に起源をもつイシスペンデュラムです。ホワイトカラーを放ちます」

と、そのヒーラーは解説してくれました。どうやら、古代エジプトの神秘形状学に基づ

いていることは把握できたのですが、

「そのホワイトには、赤、オレンジ、黄色、緑、青、インディゴ、紫の7色が内包されています。だから、メンタルコマンドで、その7色のうちのひとつを選び出して使うこともできます」

こんなふうに説明されても、当時の僕にはさっぱりわかりませんし、そもそも日本にはそんなペンデュラムなどまったくありませんでした。

とはいえ、ダウジングとはYES／NOを聞くだけでなく、エネルギーそのものを扱う技術だということがぼんやり見え、僕はその神秘の世界に魅了されていました。

当時、僕は38歳。妻と3人の子どもがいて、マイホームのローンを背負っていて、つまり人生でいちばんお金が必要な時期でしたが、何の前触れもなく会社を辞め、退職金のすべてを使ってダウジング用のペンデュラムを購入して家に帰ってくると、妻の最初の一言は「……それ何?」でした。こうして、僕の家族も僕自身も何だかよくわかっていない中で僕のダウジング人生は始まり、「もっと知りたい!」という思いだけでイギリス、アメリカ、カナダ、フランスに飛びました。

ただ、その特殊な形のペンデュラムを手にしたものの、使い方がわかりません。唯一の情報源は、フランス語の古文書のようなもので、たとえフランス語ができたとしても読み解けないような難解なものでした。アメリカにその本を英訳している人がいるというので、さっそく渡米し、英語版を入手しました。そうして、3冊のテキストをもとにひとまず独学で学んでいったものの、4冊目のテキストには「これまで言ってきたことが間違っていたので忘れてください」と書いてあり……、長い謎解きゲームが始まりました。

それでも、何度となく欧米を渡り歩いて、ペンデュラムの使い手であるダウザーたちと交流していく中で、少しずつ〝隠されていた叡智〟に触れていくことができたのです。

ヒーリングセラピストとして

2005年から美輪明宏さんと江原啓之さんとの「オーラの泉」(テレビ朝日系列)が放送され、スピリチュアルブームが始まっていました。ヒーラーやセラピストが皆、江原さんのようなリーディングを求められた時期でもあり、僕も透視リーディングの真似事をしていたことがあります。

その頃の僕は、まだまだダウジングは研究段階でしたが、会社を辞めて独立し、ヒーリングセラピストとして活動を始めていました。正直にいえば、奇跡と神秘の世界にただ憧れていて、いきなり会社を辞めたときも、どこかで「特別な力が手に入れば、飯を食うには困らんだろう」という根拠のない安心感もありました。

そんな力を求めれば、おのずと身に付いていくものなのでしょうか。僕はすっかりその気になってオーラの色を言ってみたり、電話がかかってきただけで、その人の病気がわかったり、未来に起こる交通事故のイメージが浮かんで、その事故を避けるように伝えてみたりと、得意になっていました。

それがあるとき、

「あなたは何かを見ているかもしれないが、すべてを見ているわけではないから、わかったようなことは言わない方がいい」

こう忠告してくれる人がいました。とはいえ、当時の僕は遠隔ヒーリングをしただけで、クライアントの脳腫瘍を消したなんて体験をしたほどだったので、そんな忠告など耳に届きませんでした。

苦い〝しくじり〟から得たこと

不妊症に悩む女性がヒーリングを受けに来たときのことです。彼女が赤ちゃんを抱いて僕のサロンに立っているイメージが見えたので、「あなたは、子どもを授かるよ」と伝えました。

数ヶ月後、実際に「妊娠しました」と喜びの報告があり、僕はいわゆるその手の能力が開発されたと自信を持ちました。

ただ彼女は、お腹を出すような服を着て、高いヒールを履いていて、妊娠前と同じ生活習慣だった印象があり、何度となく彼女に忠告をしていたのですが、後に「流産しました」という涙ながらの報告が入ってきました。僕のリーディングは間違っていただけでなく、彼女を振り回してしまったのです。

しばらくしてから、彼女がサロンに来てくれたのですが、そのとき赤ちゃんを抱いていました。友人の赤ちゃんを預かっているとのことでした。それは、まさにかつて僕が見たイメージであり、その赤ちゃんを、彼女自身の子だと思い込んでいたのです。

そのときから僕は、自分が見たイメージを得意になって話すことをやめ、霊能力者まがいのこともやめました。

ただ、この苦いしくじりを通して僕が理解したことがあります。透視リーディングのように、特別な能力で何か情報を得ても、それがすべてとは限らないということ。そして、仮に何らかの情報を得たなら、丁寧かつ慎重に解釈する必要があるということ。

じつは、ダウジングを研究し続けていくにつれて、この技術とはまさに僕自身に足りなかった要素を、うまくカバーしてくれるものだとわかったのです。

誰でも五感を越えた領域を使っている

ペンデュラムなどのシンプルなツールを使って、潜在意識からの情報を筋肉の微細な動きに反映させる技法が、ダウジングです。

つまり、五感を越えた領域から情報を得ることができ、さらに私たちが影響を受けているさまざまなエネルギーを変えることもできます。しかも、練習さえすれば誰でもできるようになります。ダウジングは、特殊な能力など持たない普通の人に役立ってこそ価値があるものです。もし、超能力者にしかできないのなら、その存在意義は極めて薄い。

今日は何を食べるか、誰と会うか、どう過ごすか、何時に就寝するか。誰しも日々の無数の選択を経験によって判断しますが、感覚で決めていることも多いでしょう。人は人生における最大かつ重要な選択である進学、就職、結婚ですら、感覚で決めると言います。

それは、虫の知らせや直感といった言葉で表せますが、五感を越えた何かを多くの人が感じているはずです。

よく言われるように、物質的にも精神的にも豊かに生きている人は、五感を越えた領域を大切にしています。

けれども、普通の人間である私たちは、霊能者にも超能力者にもなる必要はありません。誰でも確実かつ安全に、未知なる領域から情報を得て、活用する方法があるからです。

ダウジングを役立てていくために

現在では、ダウジングを一般の人にこそ広く役立ててもらうことが、僕のライフワークになっています。とはいえ、どんな言葉を選び、どう伝えていけば良いのか、模索を続けているのも確かです。

興味をもってもらえる人は特定の層に限られており、まだまだ占いや超常現象、あるいは宝くじを当てるものといったイメージが多数を占めているようです。

そんなとき、田口ランディさんとの出会いは、大きな転機となりました。

ランディさんは、作家として人の心の問題と向かい合い、かつ驚くべき好奇心をもってＵＦＯや宇宙人、超能力など、精神世界やスピリチュアルの分野にも果敢に取り組んでこられました。さらに、僕が主催した海外ダウザーのワークショップで学んでいただいた上で、ダウジングを自身の講座でも取り入れ、受講生に大きなインパクトを与えています。

今回、神奈川県湯河原町の仕事場におじゃまして、ランディさんにお話を伺う機会を持つことができました。

言葉の専門家であるランディさんが、ダウジングや眼に見えない世界のことをどう解釈して表現しているのか。そして、この技術をどうとらえ、潜在意識という無限の泉にアクセスしていけば良いのか、とことん掘り下げていきます。

いったい、眼に見えない世界には、何があるのでしょう？

それでは、未知の領域に踏み入れる瞬間を、皆さんと一緒に体験していきましょう。

作　家

田口 ランディ

東京都生まれ。1990年代後半からメールマガジンを配信、購読読者数10万人を獲得。2000年6月に長編小説『コンセント』がベストセラーとなる。その後、作家として活動。小説以外にもエッセイ、旅行記、ノンフィクションなどを幅広く執筆。社会的な重いテーマからＳＦ、オカルト、仏教とボーダレスな作品群。2001年に『できればムカつかずに生きたい』で婦人公論文芸賞を受賞。2016年より精神世界・スピリチュアル分野に特化したwebマガジン「ヌー！」を発行している。新刊『逆さに吊るされた男』は、地下鉄サリン事件実行犯の死刑囚との交流を描いた私小説。

JSD日本ダウジング協会 会長

加藤 展生

1965年静岡県掛川市生まれ。1998年より、整体師・ヒーリングセラピストとして活動を始める。さまざまな問題を抱えた人たちを施術するうち、既存のヒーリング手法に限界を感じ、「ほんとうに人を癒やすものは何か?」と模索する中、神聖幾何学形状エネルギーを利用したダウジングヒーリングと出会う。ダウジングの本場である欧米の研究者やプロフェッショナルダウザーのもとで学んだ後、2012年にJSD日本ダウジング協会を設立。全国でワークショップを開催し、ダウザーの育成を進めている。著書に『エナジーダウジング』(ホノカ社)がある。趣味は、アサガオの栽培、登山、テニス。

五感を越える。
未知の領域へ、
アクセスする。

目次

ダウジングって何ですか？

V

他者を媒介にして、言葉を紡ぎ出す……133

ダウジングとは？

ゆらゆらと揺れる振り子は、いったい何を知っているのでしょう？

ダウジングとは、ペンデュラム（振り子）やLロッドなどのツールを使って、自身の潜在意識と対話する技法です。ツールを動かしているのは、あくまで手の筋肉ですが、その動きは無意識によって作られ、まるでインターネットで情報を引き出すように、潜在意識から超意識と呼ばれる領域へもアクセスしていると考えられています。

ダウジングは、けっして難しい技術ではありません。最初の手順さえ覚えれば、誰でもそのシステムに接続でき、さまざまな場面で活用できます。

その起源は、水を探すこと

木の枝で水脈を探す行為が、ダウジングの起源だと考えられています。

有史以前の洞窟の壁画や発掘された道具にもダウジングの痕跡が残っていますし、もっとも古い記述としては、紀元前5世紀の中頃、「歴史の父」として知られる古代ギリシャ

column

の歴史家ヘロドトスが、黒海北部のスキタイを放浪していた際、Y字ロッド（Yの形をした木の枝）で水脈の探索をしている人たちに出くわし、その様子を書き残しています。

やがて金属製のLロッドが登場。スムースに回転するこのツールは、世界中で使われるようになりました。また、古代中国の文学作品にもダウジングに類する記述が残っていますし、日本においては弘法大師が杖を使って地中の水脈を突き止め、井戸を掘ったとされています。

人間は長い歴史の中で、五感はもちろんのこと、それを超える感覚（第六感、超意識）を使い、生命をつないできたことでしょう。水脈を見つけなければ生きていけない状況があり、そのためにダウジングの技術が受け継がれてきたのです。現代でも水脈や鉱脈の探査、考古学調査などにダウジングが活用されていますし、土地のエネルギーチェック、ヒーリングやセラピーの分野でも幅広く取り入れられています。

18世紀後半のヨーロッパでは、ダウジングの研究が盛んに行われ、広く一般にも普及した。1931年にはフランスで、1933年にはイギリスで、ダウジング協会が発足。第二次世界大戦中には負傷者の体内の破片をダウジングで探すことも行われていた。

ダウジングでできること

〝人の思考や行動の90～95％は、無意識が決定している〟

こんなことを聞いたことはありませんか？　私たちの内側に潜む領域（潜在意識）こそが、じつは私たちの現実の大部分をつくっている源泉と言えます。潜在意識とうまく対話して情報を引き出すことで、たとえば、こんなことができるようになります。

○紛失物を見つける

○ＹＥＳ／ＮＯを聞く　↓　52ページ

○自分の身体に合う食べ物や薬を確認する　↓　52ページ

ダウジングのツール

ペンデュラムやLロッドの他にも、エネルギーを共振共鳴・増幅・変換するツールは日々開発されている。

キャメロン・オーラメーター。Lロッド、V（Y）ロッド、ボバー、ワンドなど、主要なダウジングツールの動きを兼ね備えている。

column

○部屋や土地のエネルギー調整 ↓ 99ページ

○ヒーリング ↓ 104ページ

○ペットや動物、異なる次元の存在と対話する

ダウジングでは、基本的にペンデュラムやLロッド、ボバーといったツールを使います（ボディダウジングと言って、指など身体の一部を使う技法もあります）。ツールは、手の筋肉の微細な動きを増幅し、探知・変換の効率を上げてくれるだけでなく、プロテクションという目的もあります。ツールを介在して何らかのエネルギーと接触しても、そのエネルギーを自分に取り込まなくて済むからです。もちろん、それが有益なエネルギーとわかった後は、積極的に関わっていけば良いでしょう。

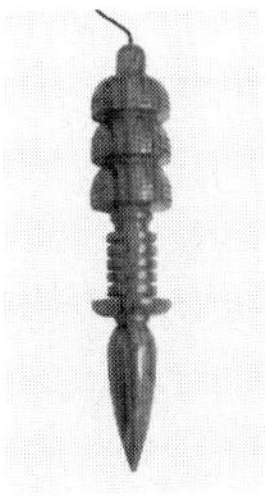

アルティメット・ラディエスセシアヒーラー。主要なエジプト神秘形状を組み合わせたコーカスウッド製ペンデュラム。

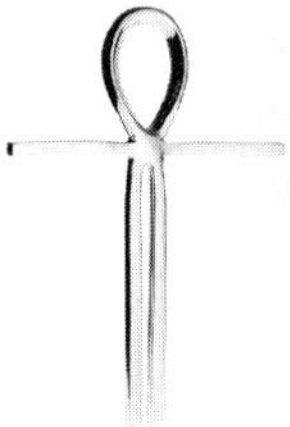

アトランティスクロス。古代エジプトを代表するシンボル。エネルギーバランスとプロテクションの機能を持つ。

現代のダウジング「エナジーダウジング」

ダウジングは、無意識領域の情報を〝受信〟する技術として発展してきましたが、現代では欧米のダウザーたちが確立させた理論に基づき、ペンデュラムなどのツールからエネルギーを〝発信〟させ、人や物、場所などさまざまなエネルギーを分析・調整・変換することを可能にしています。この新しい技術は、「エナジーダウジング」と呼ばれています。

幾何学形状は、特定のエネルギーを放つ

エナジーダウジング用のペンデュラムは、エジプト由来の神聖幾何学をベースに、ダウジングの先進国であるイギリスのトップダウザーによって設計・チェックされており、そのエネルギーは手のひらにかざすだけでも感じるほどです。自ら放つその固有の

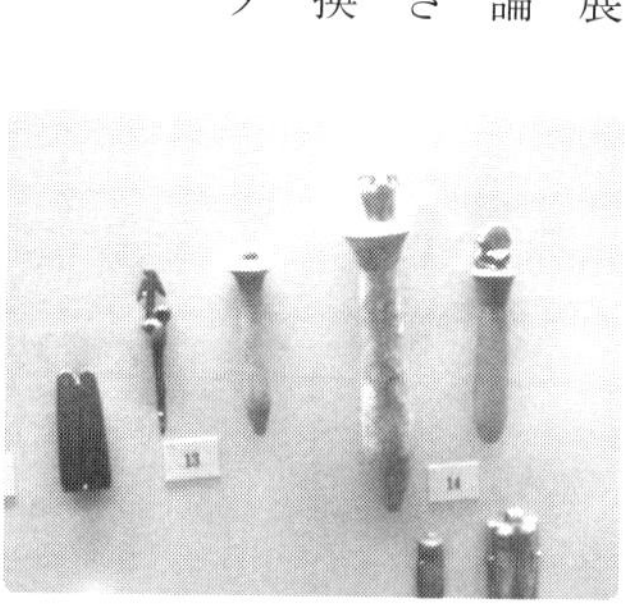

エナジーペンデュラムの多くは、古代エジプトの遺跡から発掘された形状が基になっている。

エネルギーはチャクラクリーニング、遠隔ヒーリング、ネガティブグリーン（95ページ）のエネルギー放射など、さまざまな機能を持ちます。

現代のダウジング――ラディエスセシア、ラディオニクス

〝エネルギーを感じ取る能力〟を意味するラディエスセシアは、19世紀後半から欧米のダウザーによって体系づけられました。意識《メンタル》ではなく、一定の法則に基づいて物理的に対象とつながる放射エネルギー探知技術で、専用のダウジングツールを使えば誰でも効果が期待できます。

また、20世紀初め、アメリカの打診法専門医アルバート・エイブラハムによってラディオニクスが開発されました。各エネルギーをレイトと呼ばれる数字の連続によって識別し、病気のエネルギーの解析やエネルギー治療などを行う技法で、現代でも幅広く活用されています。

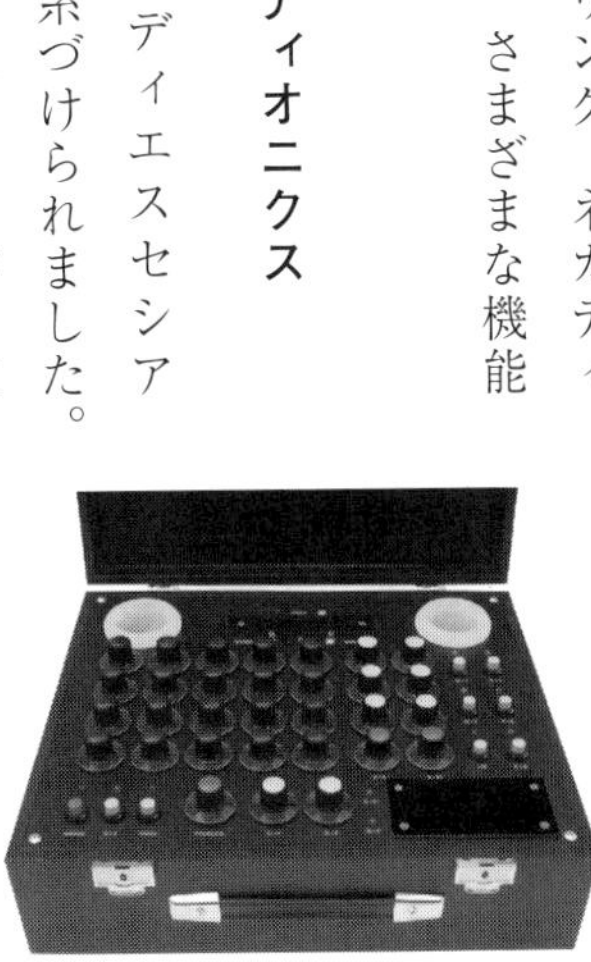

ラディオニクスの機器。ブロードキャストと呼ばれる遠隔療法も幅広く行われている。

現代のダウジング――バイオジオメトリー

ダウジングは、古代エジプトの神秘形状エネルギー学を取り入れながら欧米で発展を続けましたが、２００５年に突如、新星が現れます。エジプト人建築家のイブラヒム・カリム博士（77ページ）が40年にも及ぶ研究の末、新たに**バイオジオメトリー**という形状エネルギー学を打ち出したのです。身近な応用例では〝隠された時限爆弾〟とも称される電磁波障害で大きな成果を挙げています。スイスでは国内最大の携帯電話会社が、電磁波過敏症の存在を認め、バイオジオメトリーによる電磁波障害対策が行われました。結果、健康面では60％の病の症状が消え、てんかんの症状を訴える子どもたちもバイオジオメトリー形状を施す処置をすると、一夜でその症状が消えたと報告されています（ヘンベルグの奇跡、２００２年）。「形」によるフリーエネルギーは今後、さまざまな場面で活用されていくことでしょう。

バイオシグニチャーペンダント。人間の臓器・器官に共振共鳴する幾何学シンボルを身に付けることで、内側から自然にエネルギーが起こり始める。

I

ペンデュラムは、
自分で動かすもの？

ペンデュラムを動かすのは〝あなた〟

田口　ダウジングの本場は欧米だと聞いていますが、日本でダウザーの存在はまだ珍しいのですか？

加藤　そうです。日本人のダウザーがいるなんて、本場の欧米でも誰も知らないんです。

田口　たしかに、いなかったものね。あまり聞いたことないです。

加藤　イギリスやフランスのダウザーの集まりに行くと、「日本人のダウザーと会った」って驚かれて、まるでイリオモテヤマネコ扱いです（笑）。そもそも、ダウジングは長い歴史があって世界的に普及していて、各国に協会がありますし、何万人ものダウザーがさまざまな分野で活動しています。それが、日本でダウジングと言えば、宝くじを当てるとか、催眠術とか、そういうイメージしかないんですね。だから、今日はそんな誤解を解きつつ、ダウジングで何ができるか、眼に見えない世界にどうアクセスしていけば良いのかを、ランディさんと一緒に探っていきたいと思っています。

まず伺いたいこととして、ランディさんはすでにご自分の講座でダウジングを取り入れていますよね。募集と同時に埋まってしまう人気の講座とか。そして、ダウジングなどしたことがない生徒さんが、完璧な的中率のダウジングをその場で成功させていますよね？

田口 クリエイティブ・ライティング講座を定期的にやっています。ライティングといっても、文章を学ぶ講座ではなくて、2時間半のうち、実際に文章を書くのは20～30分だけです。残りの2時間は何をやっているかというと、自分の潜在意識にアクセスしやすい状態にもっていって、それで創造的な文章を書いて自己表現してもらいます。

加藤 なんだかワクワクする講座ですね。

田口 そうなんです。受講者にワクワクしてもらって、オープンマインドになって、自分の直感が降りてくるのを楽しんで、自分の意識じゃない部分と触れ合う体験をしてもらっています。

加藤 自分の意識じゃない部分、つまり潜在意識へのアクセスの手段のひとつとして、ダウジングを取り入れているわけですね。

田口　ええ、ダウジングは安全なツールなので、使い勝手がいいですね。まず、講座の最初で受講者全員にペンデュラムをあげちゃうんです。みんな、大喜びです。加藤さんから仕入れたペンデュラムですよ。さらに「これは、ドラマの『ガリレオ』で福山雅治さんが使っていたのと同じペンデュラムですよ」って言うと、みんなキャーッ！　となります。まるで福山さんとつながったような妄想で（笑）。

加藤　それは、たしかに妄想ですね（笑）。でも、ほんと楽しそうだ。

田口　そして、扱い方や**プロトコル**をきっちりと説明して、これからペンデュラムを使って自分の潜在意識に〝電話〟をかけるわけですが、まずその相手に名前を付けてもらいます。誰に呼びかけるかをはっきりさせるためです。「あなたがこれから潜在意識を通して聞く相手に、すてきな名前をつけてください」と言って始めます。

加藤　みんなワクワクしてるから、自然とペンデュラムを回していけ

プロトコル
対象となる事項を確実に実行するための手順や規定。ダウジング分野でも、正確で安全なセッションを行うために使われている。中でも、北米を代表するダウザーであるスーザン・コリンズのプロトコルは、高く評価され、世界中で多くのダウザーが採用している。プロトコルの要約は126ページに掲載。

加藤は今回初めて、ランディの仕事場に訪問した。幾多の作品を生んできた独特の場のエネルギーに圧倒されながらも、対談を進めていく。

そうですね。

田口 そう。最初は「自分で意図的に揺らしてかまわないからね」って伝えます。ペンデュラムって不思議な力が働いて動くのではなくて、コックリさんと同じで、動かしているのはあくまであなたの筋肉だから、まず動かす練習をしましょうと。「わざと動かしてもかまわないですよ」と伝えるとプレッシャーが外れて、わりとすんなり入っていけるんです。ほんと、ペンデュラムを揺らしている皆さんが、ウキウキして楽しそう。

加藤 それはいい方法ですね。「どうしても動かないんです」っていう人は多いですから。

田口 ほんと、「いや、動かすのは、あなたですよ」ってことですから。とにかく、ペンデュラムが動くと楽しいんですよ。それができたら、次に自分が名前をつけた〝潜在意識の誰かさん〟に対して手紙を書いてもらいます。向こうからくるものでもいいし、こっちから出すものでもいい。すっごい盛り上がりますよ。

加藤 その講座、うちの協会でもやってもらいたいな（笑）。ダウジングは、論理的な思考を司る左脳が大事なんですよ。左脳で意図設定して、右脳でダウジングする、そして起こった結果を左脳に戻って分析するという流れです。つまり、一般のイメージとは逆で、じつは言葉を扱うことが大事なんです。

田口　そうでしょうね。何を質問したいのか、自分の中で言語化できなかったら、ダウジングは成立しないんでしょうね。

加藤　まさにそのとおりだと思います。その明確な言語化をしないと、妄想や幻想の世界に迷走してしまいますから。

「びっくり」が、いちばんクリエイティブ！

田口　私がダウジングを使うのは、なにかを当てるためではなく、潜在意識を活性化してもらうためですね。文章を書く上で、いちばんの障壁は「うまく書かなければいけない」というプレッシャーなんです。多くの人が「他と比べる」という思考の癖から抜け出せないので、まず遊ぶことで、童心に返ってもらいます。

加藤　その思考の癖は、たしかに、多くの人が持っているものだと思います。潜在意識への壁というか。

田口　ダウジングのやり方を伝える上で気を付けているのは「自分で動かしていい」「これは超常現象ではない」と強調すること。振り子が勝手に動くと思い込んでいる人が多いんですです。「動かしているのは、あなたです。でも、あなたはただの個人ではなく、いのちとしてもっと大きなつながりの中で生きています」ということを、ゲームを通して何度も確認してもらいます。

ですから講座では、ダウジング単独ではなくて、他のゲームと組み合わせて使います。そうすることによって、プレッシャーも減り、多面的に自分の直感力が確かめられるのでワクワク感が生まれます。面白いと感じてもらうと、わりとすんなりペンデュラムともお近づきになれるんです。

加藤　世界のどの講座でも、「ダウジングの成功の秘訣は、楽しむこと」という言葉を聞きますね。ただ、その楽しむという状態に実際に入るのが、一般的にはとても難しいようで……。逆に、ダウジングはとにかく神聖な行為だから真剣にやらないといけない……、という感じで堅くなりすぎたりして、うまくいかなくてがっかりする人も実際たくさんいます。でも、ランディさんの講座では、そのへんはクリアしやすそうですね。

田口 人には得意不得意がありますから、ひとつのことだけをやると、自信喪失してしまう人が出ます。なので、まんべんなくみんなが「これならできた」と思ってくれるように、いろんなことをやってみます。すると、だんだんと的中率が上がってきます。場のムードも盛り上がってきて、お互いが相補的になってくるとますます盛り上がりますね。

加藤 となりの人ができるようになると、自分もできるんだって思えてくるんじゃないですか？

田口 そうですね。大事なのは〝みんなのため〟という気持ちなので、いろんな仕掛けをつくって、みんながつながり合って協力し合う場をつくっていきます。そうすると、共振共鳴が強くなって、奇跡のような瞬間が体験できます。「びっくり」がいちばんクリエイティブな感覚ですから。自分にびっくりする。そうなったら、がぜん創造的になります。思ってもいなかったようなことを自分がしてしまいます。そのことにさらにびっくりして、びっくりの連鎖を起こすんですね。すると、大胆に自己表現したくなってきます。自然とそうなります。

加藤 そのエネルギーパターンは、実生活のいろいろな場面でも起こしたいくらいですね。

ダウジングによるヒーリングも、目指すのは、そのような状態をつくることだと思います。

潜在意識と仲良くなる方法

加藤 ランディさんは、楽しむこともそうですが、潜在意識とつながる上での安全性にもしっかり配慮されていますよね。

田口 はい、私の講座では、安全に進めていくために、いくつもプロテクトをかけているんですよ。質問は明確に、聞く相手には名前をつけて、誰に何を聞きたいのかはっきりさせるという具合に。ダウジングのツールを使うと、自分では思いもしなかったことが出てきたりするものですから。

加藤 講座では、潜在意識とのコミュニケーションから、それをどうやって書く方（ライティング）へ落とし込んでいくんですか？

田口 まず「ことば」（日本語）が持っている「50音」の感覚を取り戻してもらうんです。

日本語はとても感覚的なことばで、それを無自覚に使って生きています。たとえば「チ」は、地、血、知、乳……と、エネルギー（チカラ）を意味する「音」なのです。なので、マッチをするように「ちっ」と舌で上口腔を摩擦させて発音します。火が発火するようなエネルギーを持った音なのです。そういう言語的な聴覚、記憶を脳の後頭部のモニターで見る視覚、そして、さらにシックスセンスと呼ばれる直感力を発現させるための遊びをたくさんします。そうやって、自分のさまざまな感受性に意識を向けてから、文章を書いてもらいます。

加藤　日本語は特に感覚的な言語で、さらに日本人は独自の繊細な感覚を持っているのかもしれませんね。その音がそれ自体でしっかり意味とエネルギーを持つ、とも言えるのかも。

昔の日本人は、部屋に入るときにノックをしなかったと言いますし。ドアがなかったから、ノックもできません。互いに感じ合って境界線を破らないようにしていた、進入時もそれを感じさせて入っていくなんてことを、どこかで聞いたことがあります。

ふと興味が沸いたんですが、ランディさんの本は英語に訳されていますけど、言

―ペンデュラムは、自分で動かすもの？

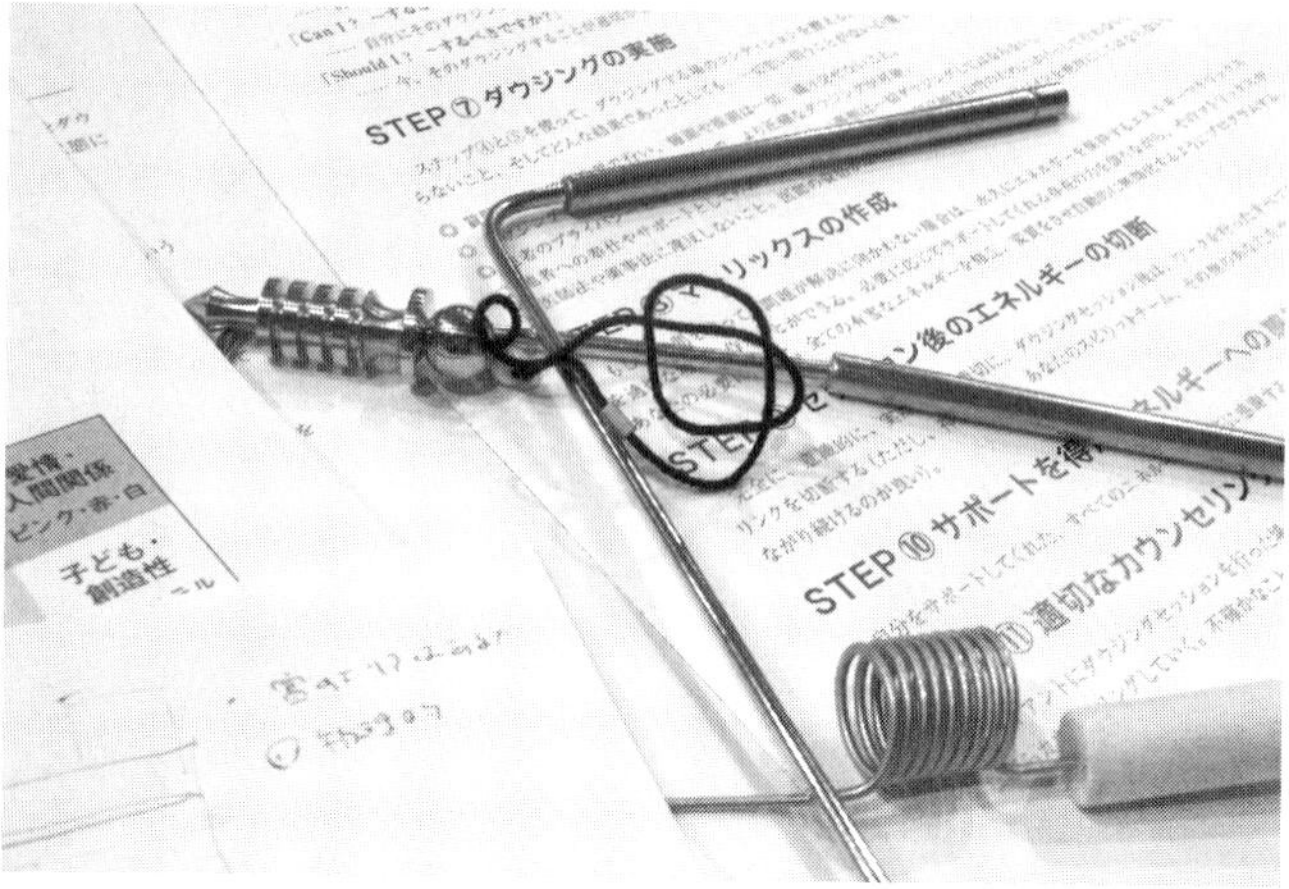

語が変わると何かが変わってしまうのですか？

田口　英語翻訳は、翻訳という創作なので、翻訳者の感性次第ですね。小説の場合、忠実に意訳されるとギャグになってしまうので（笑）。

加藤　日本語で書かれたものを英語にしたら、文字という形のパワーが変わってしまうのでしょうか。となると、読めないにしても英語にしたときは日本語のキーワードを一緒に印刷したほうがいいかもしれませんね。

田口　それはとっても良いアイデアです！　日本語には音霊が宿っていますからね。キーワードに日本語の発音記号をつけてあげると、面白いかも。

エネルギーは、換えることができる？

田口 加藤さんは、ダウジングをどう使っていますか？

加藤 いま特にやっているのは、エネルギー状態を調べることです。調べた後は、必要があれば調整して、質を変えていきます。この「エネルギー変換」にダウジングを使う技法は、応用範囲が広がっていて、治療院での施術と併用したり、家や土地のエネルギーチェックに利用するケースも増えています。

田口 でも、ダウジングはエネルギーを変えるものだと思っている人は、日本にほとんどいないでしょうね。ダウジングと言えば、YESかNOかを聞いたり、水道局の人が水道管を探したり、あるいは温泉探しなどに利用されているみたいですけど、多くの人がエネルギーに働きかけられるとは思っていないし、なぜそうできるのかもわからないでしょう。

エナジーペンデュラム
幾何学形状エネルギーを放つペンデュラム。特定の形状がそれに応じた固有のエネルギーを放つ法則を利用している。左写真は、イシスペンデュラム。

加藤　そうでしょうね。よくてOリングテストみたいに、自分の身体に合うかを確認するものだと思われている程度で。

田口　宮崎ますみさん（女優・ヒプノセラピスト）と飲みに行ったときのこと。注文したお酒の上で彼女がペンデュラムを回し始めたんですよ。「自分の身体に合うか、聞いているの？」と訊いたら、「いえ、二日酔いをしないようにエネルギーを調整してるんです」って。「うわー。そんなことできるの！」ってびっくりしたんです。

加藤　その使い方、僕が教えているんですけどね。まあ、たしかに知られていないです。

田口　というか、そういう使い方って本当にあるのですか？

加藤　もちろんです。普通のペンデュラムでもできますが、**エナジーペンデュラム**という幾何学形状のエネルギーを放つ機種では、基本的な使い方です。まあ、外国でダウザーが20人ほど集まって同時にそれをしているところを見ると、さすがに僕も驚きますけどね（笑）。

本場の欧米で行われているダウジングは、YESかNOかを聞く

グラム・ガードナー
スコットランド在住。プロフェッショナルダウザーとして世界的に活躍。2015年に初来日し、ワークショップを開催。ランディと加藤とともに、青森県のストーンサークルを巡る旅に同行した。

エネルギーライン
地球には、エネルギーの線が存在する。Lロッドやペンデュラム、ボバーを使ってグリッドを見つけ出し、チューニングすることで、地球上で作り出されているエネルギーや、バランスを崩している原因となっている源を見つけることができる。

だけではなく、メインはディテクション（探知）とトランスフォーメーション（エネルギー変換）なんです。プロダウザーの**グラム・ガードナー**は、エネルギー変換のために場所自体を作り換えることすらあります。たとえば、アース・アキュパンクチャーと言って土地に杭を打ってエネルギー状態を改善するとか、クリスタルとダウジングで**エネルギーライン**を曲げるとかやっています。

田口　もっと誰でもできそうな方法はありますか？

加藤　ありますよ。たとえば、**スーザン・コリンズ**が**ボバー**でやっている手法です。左回転にして害のあるエネルギーを切断（ディスコネクト）、右回転にして有益なエネルギーをエナジャイズ（エネルギーを与える）させるというものです。

　これは、**ラディエスセシア**という分野ですが、そのエネルギーを探知・調整することと、エネルギー変換のダウジングは、すでに僕の主たる仕事となっています。

スーザン・コリンズ

カナダ・オンタリオ州在住。プロフェッショナルダウザー。パーソナルマネージメントコンサルタント。長年患った病をダウジングテクニックにより完治させたことをきっかけにダウザーとしての道を歩む。２００３～２００６年、カナダダウザー協会会長を務め、「International Dowsers」を創設。世界各国で講演やワークショップを行っている。

百発百中の幻想を越えるには？

加藤　ダウジングには長い歴史があるので、それこそ水脈を見つけて干涸らびた湖を水でいっぱいにしたとか、そういう伝説のダウザーはいます。でも、百発百中のダウザーとは会ったことはないですよね。ダウジングで探しものをして、3割当てたら、ものすごい確率だって言われます。ちょっと皆さんをがっかりさせるかもしれないですが。でも、日本では100%当てないと認めてもらえない。

田口　というか、当てないと許さないっていう感じ（笑）。

加藤　たとえば、病院で病気が治らないこともあるじゃないですか。でも、ヒーリングセッションで治らないと「ほら偽物じゃないか」と言われる。やはりどこかに、百発百中の幻想があるんですよ。

田口　イチローだって毎回はヒットを出せないのと同じで、打率が高くても100パーセントではないということが、もっと理解されていけ

ボバー
先端にボブ（重り）が付いた細長いダウジングツール。ボブとグリップ間にコイルスプリングがあり、反応をよくしている。

ばいいですよね。あと、水やお酒の味を変えられる、とおっしゃる方がいらっしゃるけれど、「たしかにそう言われたら、まろやかになったかな」という気はしますが（笑）。

加藤 それ、僕も経験あります。

田口 ハンドヒーリングでエネルギー変換していらっしゃるのでしょうか。水は特にエネルギーを受けやすいから水の粒子を変えるということで、きっと可能だと思うけれど。でも、お酒の味を変えてもらってもなあ。私にも好みがありますから（笑）。私にとっておいしくなったかは別問題。

加藤 手順から言えば「○○をしていいですか？」から始まるべきでしょうね。まあ、水はともかく、お酒の味を変えるのは反対です。ビールは特に（笑）。苦味のないビールにされたら、それはもう最悪じゃないですか（笑）。

田口 「こんなことができるよ」っていうことのデモンストレーションでやってる場合もありますね。そういうことが可能ですよって伝えた

ラディエスセシア
20世紀前半にフランスのダウザーが作り出したダウジングのメソッド。エネルギーを感覚だけではなく、何らかの手法で計測した上で理解し、それを論理的・物理的に活用しようとしたもの。合理性や論理を高めたものを「フィジカルラディエスセシア」と呼ぶこともある。

いのはわかるけれど、反応に困るときがあります。特に真剣にされると（笑）。

加藤 そういうことは、遊び心だけだったらいいんですけど、エゴが入っていると危険になるでしょうね。「あなたの為になるから」と勝手にやってしまうとか。つまりは個人の選択の自由を奪う。あとは、そうすることが絶対だと思っている人もいますし。

田口 信念は持たない方が良い？

加藤 これは、けっこう大きなテーマだと思うんですよ。本当にいろんな人がいて、ペンデュラムを回してみてペンデュラムが言っているから100%正しいと思う人もいるし、その逆で完全にまがいものだと思う人もいる。そのどちらかに傾くのが多くて、真ん中が少ないわけです。たとえば、ダウジングで「引っ越しはYES」と出たけれど、翌日もう一度やってみたら「NO」と出た人がいて、「やっぱり、ダウジングなんていいかげんだ」と言ってくるわけです。そこには、**ノイズ**を拾ってしまっているとか、質問の仕方や状況が変

ノイズ
本来、情報やエネルギーをつなごうとしている対象ではないものにつながってしまった状態を、ダウジングでは「ノイズを拾う」と表現する。

チャート
文字盤や選択肢を並べたダウジングツール。ダウザーの個人的な感情に影響されずに、中立的で冷静なセッションの助けになる。使用する前にプログラミングをすること、後は無心でダウジングすることが、上手に使うコツ。

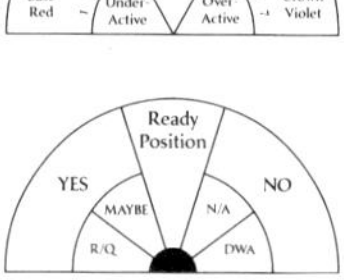

わったとか、そういう発想がなくて「ダウジングはダメだ」もしくは「私には難しい」となってしまう。

田口　ダウジングで使う**チャート**には、何%というレベルが付いているものがあります。たとえば「明日は雨が降りますか？」という質問に対しても、どの程度雨が降るのか答えを得られるんですね。そういう概念は、もっと伝えていきたいです。

スピリチュアルなことや眼に見えないエネルギーに関わるすべてに言えることですが、0か100かになると、信じて裏切られることもあるだろうし、やってもできなかったり、思い込みになってしまったり、いろいろな弊害が起こりますね。

眼に見えない領域を説明する能力とは？

加藤　思い込みというのも、成長過程で必ず出てくるテーマだと思うんです。ある種、必要な部分はないですかね？

田口　思い込みは、自分の人生を生きていく分にはOKだけれど、他者とコミュニケーションをとっていくときには、慎重にならないと。

加藤 それを言えば、占い師さんに言われた言葉は引きずることもありますし、たとえば学校の先生に「君は数学のセンスないね」と言われたりとか、思い込みの言葉がずっとロックされることがあったり。

田口 私はいろんな占い師さんにお会いしてきたけれど、優秀な占い師さんほど悪いこと言いませんね。基本、お金をもらってやっている以上、元気や幸せをあげるサービス業の面があるのだと思うけれど。お金もらって厳しいことを言いたがる人はバーのママくらいで十分（笑）。ケチョンケチョンにされたいマゾ的な人が行くなら良いけれど、癒やしや悩みの解決を求めている人には、必要ないでしょう。

加藤 なるほど。激しく、そっと同意（笑）。

田口 総じて見れば、うまい言い方ができる人が、優秀な人だと思います。たとえば、ダウジングやチャネリングは、感覚の世界であり、右脳の世界じゃないですか。だから一瞬でとらえた感覚やイメージをつかまえやすい人が主に関わっています。ということは、その人たちは言葉で表現することは得意ではなくて、詩的な言語を使うので、左脳を使っている人には伝わらない。その隙間をうまく翻訳して伝えてくれる、バランスのとれた人が優秀なのだと思います。そういう意味で、加藤さんが日本にお招きしたスーザン・コリンズは優秀な人ですね。

加藤　たしかに、スーザンは感覚派でありながら、文章にして整理する力がありますね。来日ワークショップでは、日本の人たちにもとても伝わりやすかった。古くから日本では、巫女が右脳で拾った意味がわからないようなことを、審神者《さにわ》が人にわかりやすいように翻訳する場合があります。ダウザーは左脳から右脳、そして左脳という頭の使い方をするので、一人で巫女と審神者をしていると言えるのかもしれません。スーザンはそんな感じだから、わかりやすかったのでしょうね。

田口　そう、彼女は論理的に話そうと努力しているし、伝わらなければ、どれくらい咀嚼《そしゃく》すれば良いか、ということを考えながら、いろんな言葉を駆使していますね。

そういう努力をせずに「宇宙のエネルギーがね……」と言われちゃうと、私は「宇宙のエネルギーって何？」ってなります。抽象的でよくわからない自分だけの言葉を使って説明を投げちゃう人が、まだまだ多いんじゃないかな。その点、加藤さんが海外からお招きするダウザーは、しっかり説明をしてくれるし、コミュニケーション能力が高いです。もちろん、加藤さんもそうですよ。

はじめてのダウジング

まずは、ペンデュラムを〝受信器〟として使うYES／NOクエスチョンから始めてみましょう。すでにペンデュラムを持っている方は、手元に用意してください。ペンデュラムがなくても、キーホルダーやペンダントで代用できますし、五円玉に紐を通したものでもかまいません（五円玉は2、3枚重ねて、振り子として適当な重さにします）。

ペンデュラムの準備ができたら、今のうちに、ダウジングで聞くこと＝質問文を考えておきましょう。STEP⑥の動作確認では、「私は女性ですか？」というように答えが100％明らかな質問を、STEP⑦ではあなたが知りたいことを質問します。

たとえば、「この薬は、私の風邪に効きますか？」「この化粧品は、私の肌に合いますか？」というように自分自身への質問から始めてみましょう。もちろん、「明日、○○町の天気は、晴れですか？」「私の彼氏は今、○○にいますか？」というようにYES／NOではっきり答えが出ることなら、どんな質問でもかまいません。対象の人や物、場所、時間を具体的にした質問文を用意するのがポイントです。

column

ペンデュラムの持ち方

持つ位置の目安は、先端部分から指3本程度です。親指と人差し指でつまむようにコード（紐）を持ちます。どの方向にも平等に動きやすいように人差し指と親指でつまみ、中指を添えてそれを支えるようにします。肘は90度に曲げて、手首はストレートにしてリラックスします。

コードを指や手に掛ける（巻き付ける）かどうかは、ペンデュラムが動きやすければ、どちらでもかまいません。

ペンデュラムは、利き手で持つ

利き手は指示を出す側の手なので、エネルギーの扱いも利き手の方がうまくいきます。どちらが利き手か迷う場合は、ペンデュラムを持ち、「こちらの手で持つのが適していますか？」と聞くか、よく動く方で持ってもかまいません。

ペンデュラムが重い場合はコード（紐）を長めに持ち、軽く小さい場合は短めに持つと使いやすいです。121ページのコラムを参考に、自分のお気に入りのペンデュラムを見つけてみてください。

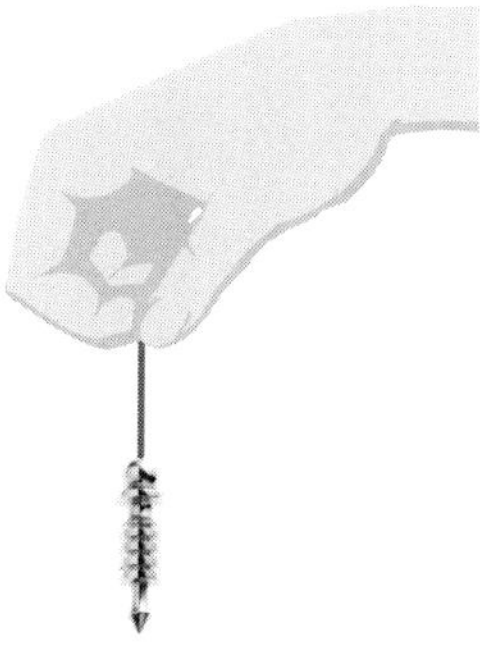

STEP①

リラックスする

ペンデュラムを持つ前に、眼を閉じて深呼吸し、心を落ち着けましょう。手や腕や肩はリラックスさせておきましょう。

STEP②

ウォーミングアップ

ペンデュラムを持ち、「時計回りに動いて」「縦に揺れて」「止まって」と語りかけながら自由に動かしてみましょう。ウォーミングアップなので、その通りに動かなくてもかまいません。

STEP③

ニュートラルスイング（意図的な動き）

ペンデュラムを持つ手を動かして（キックスタート）、縦揺れを起こします。止まっている状態よりも、一定の動きがある状態から始める方が、容易かつ自然なダウジングが行えるようになります。

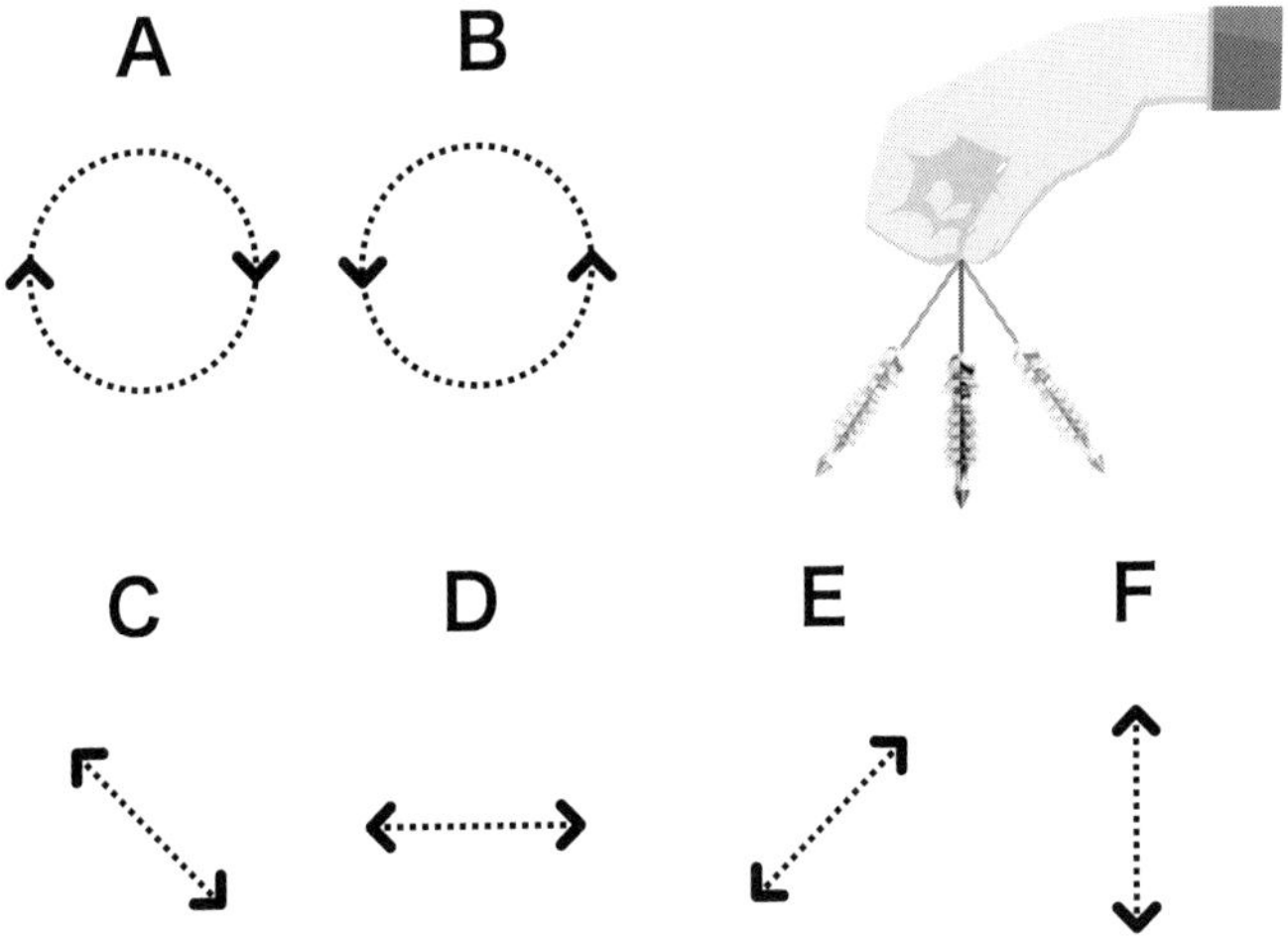

STEP④
メンタルコマンド（意図する）

上図A～Fの動きをするように、ペンデュラムにメンタルコマンドを実行していきます。ペンデュラムに、A「時計回りに動いてください」と頼み、時計回りに回転することを確認します。次に、ニュートラルスイングに戻るようペンデュラムに頼み、B「反時計回りに動いてください」と頼んで動きを確認し、再びニュートラルスイングに戻します。このような流れで、Fまでの動きをペンデュラムに覚えさせます。最初は、手で動かしてもかまいません。

STEP⑤

YES／NOサインの決定

「YESのときの動きを示してください」
「NOのときの動きを示してください」

　このようにペンデュラムに頼んで、動きを確認します。そのときに示す動きが、あなたのYESサイン、NOサインです。

　このサインは、ダウザーによって異なるので、あなた自身の動きを知ることが必要です。忘れないように自身のノートや手帳に記録しておきましょう。

STEP⑥

動作確認

「私は、女性ですか？」
「私の名前は、○○ですか？」
「ここは、○○町ですか？」

　このように答えが明らかな質問をして、YES／NOのサインを正しく示すか確認します。正しくサインを示せば、動作がうまくいっていると判断して、ダウジングを行っていきます。

　このチューニングがうまくいかなければ、プログラミングと言って、YES／NOの動きをあなた自身が決め、ペンデュラムに覚え込ませても良いでしょう。

STEP⑦
質問して答えを得る

ペンデュラムに質問をして、その動きによってYES／NOを判断します。明確にYES／NOで答えられる質問にすることがポイントです。「YES」に近い動きをしたので、たぶんYESという考え方はせず、「不明確な動きは、どちらも示していない」ととらえます。

ダウジングで調べる対象物がある場合、その対象物（あるいは写真）を指差しながら聞くと、フォーカスがはっきりするので、より的確な答えに導かれるでしょう。最後に、感謝とともに終了します。

いろんなことをYES／NOで尋ねて遊んでみましょう。楽しんでいる状態がもっとも潜在意識を呼び起こします。

ペンデュラムが動かないときは

「ペンデュラムが動かないという人がいる。その人はペンデュラムが動かないように、動かないように頑張っている」

と、あるプロダウザーは言っています。ペンデュラムが動かない人は、やはり緊張しています。うまくいかないかもしれないという不安、質問に対して自分の願いが入り込んではいけないと心配しているなど、気持ちを入れすぎて身体も心も硬くなると、ダウジングはうまくできなくなります。

何事もそうかもしれませんが、ダウジングも楽しむことが大切です。楽しむためには、何よりリラックスすることが大切です。何も考えず、力も入れず、集中もせず、ただ「リラックスします」と繰り返して唱えてみましょう。他にもストレッチ、散歩、運動、太陽光を浴びる、新鮮な空気を吸う、あるいはペンデュラムを替えるなども試してみましょう。

また、「手も腕もけっして動かしてはいけない」と思っている人もいます。そんな人は「ペンデュラムは念力で動かすものだ」と思っているようですが、もちろんペンデュラムを動かすのは、あくまで手であり、筋肉であり、あなたの脳なのです。

II

眼に見えないものを信じています！

「私が行くと、UFO出てこないんです。」

加藤 ランディさんは、そもそも、どんなきっかけでスピリチュアルなことに興味を持ち始めたのですか？

田口 物心ついたときから、人は死んでも魂みたいなものが残ってどこかへ行くんだなと、よくわからないけれど確信していました。幼い頃は、他の子たちもそういう価値観だと思い込んでいたんですが、たしか小学3年か4年のときに、同級生の男の子に「幽霊なんかいるわけないだろ。死んだらおしまいだ」って言われて、すごいショックを受けた記憶があります。

加藤 今でも覚えてるほどだから、よっぽど印象的だったんでしょうね。

田口 あと、心霊番組とかも大好きなのに、自分では幽霊を見たことがないから、いつか見たいなとずっと思っていました。幽霊は本当にいるって確信していましたし。でもね、私以外の人はそんなことを信じていないのか、信じるのが恥ずかしいのか、成長するにつれて否定されることが多くなってきて。それでもいつか見られるだろうと思ってた。だって、こんなに心霊やオカルトが好きなんだから、いつか絶対、スプーンを曲げられるにちがいないとか、幽霊やUFOを見るにちがいないと。でも、いまだに一度も見たことはないんです（笑）。

加藤 あれ、この間、**秋山眞人**さんとUFOを見に行ったとか言ってませんでしたっけ？

田口 私が行くと、出てこないんです（笑）。秋山さんが「あれです、来ました。動いてる、動いてる」って言うけれど、私は見えないんです。いつも私がちょっと席を外した瞬間に、みんながUFOを見ちゃうとか。「東の空からぼんぼんでたよ」って聞くけど、いざ私が行ったら、もういないんです（笑）。つまり、私は、子どもの頃からそういう神秘的なものがあると確信しているのに、まったく霊感がない、中途半端な人間なんです（笑）。

加藤 では、ランディさんは仕事のためにUFOや宇宙人とか、スピリチュアルだったり、不思議なものを調べたというのではなく、子ど

秋山 眞人
静岡県出身。国際気能法研究所代表。自身も超能力者であり、精神世界、超能力の分野で日本を代表する研究家。世界及び日本の神話・占術・伝承・風水などにも精通している。ランディとは、作家デビュー前からの古い友人。

＝眼に見えないものを信じています！

もの頃からずっと好きだったと？

田口 もう大好き。でも自分が見られていないから、確証が得られない。それがどんなふうに見えているのか、感じているのか、聞こえているのか、どういう状況で遭遇するかとか、一生懸命に当事者の話を聞くわけです。

こんなに熱烈に好きなのに、どうして体験できないのかしらと思っていて……。出そうな場所にばっかり行っているのに（笑）。自分では見ないけど信じているから、それをなんとか解釈して証明しようという努力をしてきたわけです。

加藤 ほんとに、純粋に好きなんですね。

田口 そう、純粋。

加藤 子どもの頃は、現実逃避という面はありました？

田口 あったと思いますよ。うちは父親がアルコール依存症だったり、家庭が大変でしたから。楽しいところに逃避していたと思うんですよ。とにかく自分が見たかった。理屈抜きで体験したい派だから。でも、見られないから怒ってましたよ、幽霊に。なぜ私のところに出てこないんだって！

加藤 ご自分では、なぜ見られないのだと思っていますか？

田口　どうなんでしょう。よく言われるのは、あなたは左脳人間で理屈っぽいからだって。たしかに理屈っぽいんです、だって作家なので。昔、スプーン曲げで有名な超能力者の**清田益章**さんのホームパーティーにおじゃましたことがあって、みんなで鍋をつつきながら歓談をしていたんです。皆さん、自然とUFOの話を始めて、そのうち、宇宙の多次元性の話になったんです。「ああ、みんなUFOを普通に見てるんだ」とがく然。ぜんぜんついていけない。まず宇宙人に会ったことがない。UFOも見たことがない。なので、黙って鍋を食べていました。

加藤　ランディさんのことだから、悔しかったのでは？

田口　ええ、勇気を出して「UFOってしょっちゅう現れるものなんですか？」って質問をしたら、「えっ、ランディさんって見たことないの？」って言われてさみしくて……。UFOさえ見れば、そんなさみしい思いをしなくていいのにって（笑）。

加藤　まあ、黙って聞いているしかないですよね。でも、無理矢理に見よ

清田 益章
1962年生まれ、1974年、ユリ・ゲラー初来日を期に、超能力少年としてマスメディアに登場。スプーン曲げなどの念力や念写を披露した。

うとすると、妄想が始まる場合もあるし。それに、ランディさんは霊感がなくても、直感はありますよね。それで十分なんじゃないですか。

田口　そうですかね。とにかく子どもの頃からデフォルトで信じているわけです。宇宙人はいるし、ＵＦＯはあるし、幽霊もいるし、生命って終わらない。ただ体験していないだけ（笑）。私は、いろんな人の話を聞いているから、見てきた人より詳しく知ってるんですけど（笑）。でも、そういう私だから、ものすごく詳しいわりにニュートラルポジションにいるんでしょう。なにしろ、体験していないことには、どうしようもないんで。

加藤　ちなみに、僕も何も見えません。これは僕だけでなくて、欧米のダウザーたちは霊能者でも、超能力者でも、魔法使いでもなく、とっても普通の人たちなんですよ。ツールを使って、眼に見えない世界にアクセスしているだけなので。ただ、ここ最近、急にＵＦＯと関わるダウジング関係者が増えているんですよ。どう関係しているのかは、まだ理解できないんですけど、ダウザーが宇宙人関係の本を出版したり、ＵＦＯカンファレンスに参加したりとか。

田口　それは興味深いですし、今後の展開が楽しみですね。ダウザーがＵＦＯや宇宙人をどう説明してくれるのか。

加藤　はい。前提としては、ダウジングで潜在意識にアクセスすれば、ちがう場所ともつながり、話せるわけですから、次元をまたぐこともできるし、精霊とも死者とも会話できるわけです。だから、能力者じゃなくても、宇宙人とコンタクトすることも可能ですし、今後はそういう時代がくるということかもしれません。

ランディのダウジング初挑戦

加藤 そんな眼に見えない世界が大好きなランディさんですが、ダウジングにはどんな印象を持っておられました？　ランディさんは小説『キュア』（朝日新聞社）でも、メスでダウジングして患部を見つける外科医を登場させていますね。

田口 そうです。ダウジングはツールを使って行うものと知って、これは幽霊や宇宙人を見る能力とは無関係だから、誰でもできるかもって思ったんです。２０１４年に東京大学病院内で開催された研究会で、加藤さんのダウジングレクチャーに私も参加してて。そういえば、あれが加藤さんとの最初の出会いです。

加藤 え、あれが最初でしたっけ？

田口 そうそう。２００人くらいの参加者がいた中で、デモンストレーションで私が当てて、ガネーシャのペンダントをもらったんです。

加藤 あれはすごかったですね。どんな内容だったかを簡単に振り返っておくと、60個の紙コップの中にひとつだけアタリを入れておいて、それをダウジングで当てるというデモンストレーションでした。

田口 でも、じつは私、ダウジングで当ててないんですよ。勘で当てました（笑）。最初に紙コップを見せられて、加藤さんが「どれかにガネーシャのペンダントが入っています」っておっしゃったとき、ひとつだけピカッと訴えてくるような存在感があって。その後にダウジングのやり方を教えてもらってから、「あれですか？」って聞いたら、ペンデュラムが回ったので（笑）。

加藤 つまり、確認のためにダウジングを活用したわけですね。それも、実際にある手法ですよ。

田口 ペンデュラムはかわいいし、ダウジングも大好きになりましたが、ただ、いまだにほとんど自分で回しているんですよ（笑）。

加藤 それも、大事なことです。回せない状態がいちばんよくないわけです。筋肉に「回る」という指令を伝えなければ始まらないわけですから。最終的に無意識で動かせるようになればいいので。

どこに〝電話〟をかけますか？

田口 私の場合、ダウジングでたいがい「ＹＥＳ」のことを聞きます。そもそも、私の人生にはそんなに質問したいこともないし、霊能力者の友人がたくさんいるから、ペンデュラムに聞かないといけないことはそれほどないんです。あるとき遊びでペンデュラムを回していたら、私が「ＹＥＳ」だと思っていたことに回転がついてこなくて、「ＹＥＳ」を示さなかったんです。つまり、ペンデュラムは私に対して「ＮＯ」を言ったわけです。

加藤 ちなみに、そのときはどんな質問をしたんですか？

田口 忘れた（笑）。たぶん、たいしたことじゃないからです。でもそのときのショックは大きくて「ＮＯを言いやがった……」って思って。それからダウジングは「ちょっと怖いな」って思いました。たしかに潜在意識とつながっている感じがして。ちゃんとしたやり方を知らずに、うっかり手にしてしまうとまずいなと。

加藤 そのときの心境を、もう少しくわしく教えていただけますか？

田口 ダウジングでつながった私の潜在意識とは、私ではなく、早い話が他人なんです。だから、何があるかわからない。もともと、人間というのは、ものすごい広大なところに、島のようにちょこんと自我があるだけで、その下には何がいらっしゃるのか、まったくわからないわけです。ペンデュラムを通して、そこ（潜在意識）から何かが伝わってくるのはわかるけれど、やばいな、と。でも、スーザン・コリンズ（45ページ）が来日したとき、彼女のプロダウザーコースに参加したことで、考え方が変わりましたね。

スーザンは、ダウジングを始める前の手順（プロトコル）をとても大事にしている。「どこに電話をかけるのか」を明確にしなさい、と伝えていたので。ダウジングで電話をかける相手が正しいかどうか確かめないと、へんな人に電話をかけてしまう可能性もあるわけじゃないですか。だから、手順はていねいに踏んでくださいと。この方（スーザン）は信頼できるなと思いました。私が怖いと感じたことへの対策を教えてくれたわけで。

加藤 電話をかけるだけじゃなくて、やたらかかりまくってくる人もいますね。それも、律儀に全部とってしまって（笑）。**エンパス**で苦労する人も、そうかもしれない。スーザンのダウジング・プロトコル（126ページ）は、同じことを同じ手順でやり続けるので、自分の状態も一定の状態に入りやすくなりますね。ラグビーの五郎丸がやっているルーティーンみたいに。手順そのものは、とてもシンプルですから。

田口 そうそう、ものすごく簡単で、誰でもできる。スーザンの説明は明快で、ダウジングを始める人は聞く必要があると思いました。今では、私は加藤さんからペンデュラムを調達して、クリエイティブ・ライティング講座の受講者に使ってもらってますけど、そのときもスーザンのプロトコルをわかりやすく噛み砕いて、でもきっちり教えています。受講者の方たちにとっても、このダウジングのプロトコルは、たくさんの気づきをもたらしてくれていますね。

まず、誰に電話をかけているのかわからないような霊能者やヒーラーとは付き合ってはいけないと気づく。手順を踏まないで行き当たりばったりで何かをサジェスチョンする人がいるとしたら、その人自身が誰に電話をかけているのか、わからないはずですから。

エンパス
共感力者。人、場所、モノのエネルギーに敏感で、それらのエネルギーとつながりやすい体質。チャネリングや透視などの能力を持っている場合も多いが、社会生活で生きづらさを感じやすい。

そもそも、自分の潜在意識に自分で電話をかけられるのだから、他人の潜在意識を借りる必要はないんだってわかります。自分で電話をかければいいわけ。自分のスマホを使えばよくて、他人にかけてもらう必要はない。自分の潜在意識に電話をかけるのが、いちばん安全だから。そういうことをクリエイティブ・ライティング講座では説明していますが、その実験として、ダウジングはとてもいいんです。

加藤 霊能力やヒーリングを仕事にしている人の中には、誰に電話をかけているか教えたくない人もいるんでしょうね。企業秘密ということで。

田口 しっかりと神的なもの、光に焦点を合わせていれば、そういう発想にならないのではないかしら。怖いよね。電話のかけ先が、どこかわからないのにアドバイスを受けるなんて。

加藤 ほんとにそうですね。

田口 見えない世界においても、人の交友関係は自由だから、神様だろうが、悪魔だろうが、好きな存在と付き合えばいいわけですが、せめて誰と付き合っているかは、知っておいた方がいいですね。

加藤 スーザンをはじめ、プロダウザーは、そのつながっている相手が誰なのかを見極めたり、悪しきものから自分をプロテクトする方法も教えていますね。ときに、自分の身分を偽って接触してくるエネルギー体もあるということで。いずれにしても何とつながりたいか、それと間違いなくつながること、このふたつは大切でしょうね。

「形」のエネルギーを感じますか？

加藤　現代のダウジングでは、エジプトの神秘形状学がベースになっていて、「形」のエネルギーを活用しています。シンボルや**プラトニック・ソリッド**などは、ダウジングで電話をかける相手に正確につながるための電話帳ですね。形が一定のエネルギーを放つから、形を通して一定の先に電話がかけられるわけです。つながる対象として、この形のエネルギーは、ダウザーたちが100年以上、扱ってきた歴史があります。

プラトニック・ソリッド
プラトンの「ティマイオス」に四大元素との関係と合わせて紹介されているため、プラトン立体とも呼ぶ。正四面体、正六面体、正八面体、正十二面体、正二十面体の総称。正多面体とはすべての面が同一の正多角形で構成された図形で、かつすべての頂点において接する面の数が等しい多面体。その正多面体は5種類しか存在しない。右写真は、マカバと球を加えたセット。

田口　じつはね、私くらいの霊感の無さだと、形の微細なエネルギーというのは、ほとんど感じ取れないです。特別な形から何かを感じられているかと言われても、さっぱりわからない。何なんでしょうか、形のエネルギーって？

加藤　まず、エネルギーとは何かを振り返っておくと、ここでは電力や原子力とかではなくて、微細な生体エネルギー、**サトルエネルギー**という呼び方もします。言わば、氣のことです。

人は、人のエネルギーを感じ続けていますよね。生まれて母親に抱かれた瞬間から、家族や友達といるときも、仕事のときも、常にエネルギーを感じています。人のエネルギーは慣れているから感じやすいですね。「あ、この人といるといい感じ」とかわかると思います。でも、たしかに、形のエネルギーは、ほとんどの人は慣れていませんから……。

田口　おおざっぱに言えば、形のエネルギーとは、それぞれの形が出している特定の周波数ということですか？

サトルエネルギー
各レベルのオーラエネルギーの総称であり、物質や生体の持つ微細なエネルギー。サトル（subtle）とは「微妙な」「繊細な」という意味。1930年、ベルザルとシャメリーによって、サトルエネルギーは12種類により成り立っていることが発見された。

加藤　そうです。

田口　形によって出している周波数が変わるということですね。光も反射によって周波数が変わるわけですから、それはうなづけますね。

加藤　変わります。神聖幾何学の専門家である**ジェイソン・クイット**は、「調和」「癒やし」「プロテクション」「許し」とかテーマによって、あるいは**チャクラ**ごとにという具合で、独自の幾何学図形を描くことができます。

田口　形がちがうことによって、エネルギーの質がちがうわけですね。どうちがうのでしょうか？　あとは、受け手側の慣れやセンスが必要なのかな。

加藤　そうですね。感じてもらうのが、いちばん早いでしょう。形から出ているエネルギーとは、もちろん眼に見えないものですが、「まずは、手から出ている微細なエネルギーを感じてみてください」と伝えれば、わかってもらいやすいですよ。人によって「ほわっとする」とか「ぴりぴりする」とか、あるいは仏様のようなエネルギー

ジェイソン・クイット
カナダ・オンタリオ州在住。北米を代表するプロダウザー・ヒーラー・チャネラー。セイクリッドジオメトリー、エジプト神秘学、エナジーメディスン、チーゴン、シャーマニズムなどに深い知識を持ち、その技術を活かした独自の「ジェイソン・ダウジング＆ヒーリング・メソッド」を開発。

チャクラ
サンスクリット語で円、円盤、車輪、轆轤（ろくろ）を意味する。人間の身体の氣の出入口となるエネルギーセンター。チャクラを確認することでコンディションがわかり、適正化することで身体のエネルギーバランスを整えることができる。

だとか。
見る、聞く、あるいは香りで識別する人もいますが、ただし視覚や聴覚の場合は幻影や幻聴を招く場合もあるので、やっぱり手がいちばん安全ですね。

エネルギーは、色で識別できる

加藤 今さっき、氣のエネルギーは見えないと言ったばかりですが、色で識別・測定することができます。20世紀初めのダウジング研究家は、エネルギーを見つける際に、色見本のような円形の**カラースペクトラム**（本書・帯に掲載している円形の図）を使いました。たとえば、炎の質がオレンジや青色などの色によって識別できる炎色反応と同じようなことです。このエネルギーの識別を最初に行ったのは、**ヘンリー・メジャー**という人で、8色のカラーで地下水を分析するた

ヘンリー・メジャー
20世紀初めに活躍し、カラーをダウジング結果の分析に取り入れた最初のダウザー。

メジャーロゼット
8種の色との共鳴から鉄、硫黄、銅、銀、飲料可、神聖、有害、低汚染という、成分や特性が水に含まれることを示す水質調査用チャート。

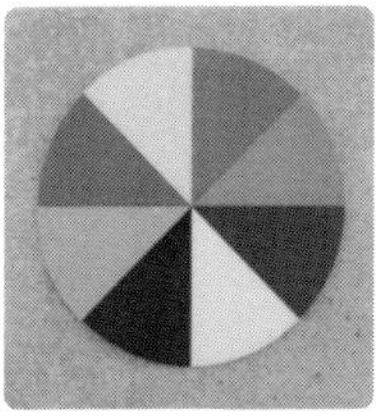

めに、**メジャーロゼット**という円形のカラースペクトラムを作りました。たとえば、水脈を見つけたとき、「これは何色の色と共鳴する水脈だから、飲める可能性がある」とか、深い井戸を掘る前にわかるわけです。もちろん、現代では科学的な分析方法があるわけですが、当時は実際に行われて重宝されていました。井戸を掘ってから飲めない水だったとなれば、大変な徒労になりますから。

後にフランスのダウザーたちは、氣のエネルギーを12色のカラーで識別することに成功しました。さらに現代では、エジプトの**イブ**

BG3-16ペンデュラム

BG3の有無の検知、BG3放射によるヒーリングに適したペンデュラム。意図的に右回転をつくることで、BG3エネルギーを放射し、エネルギーヒーリングを人・場所・植物・物に行うことができる。

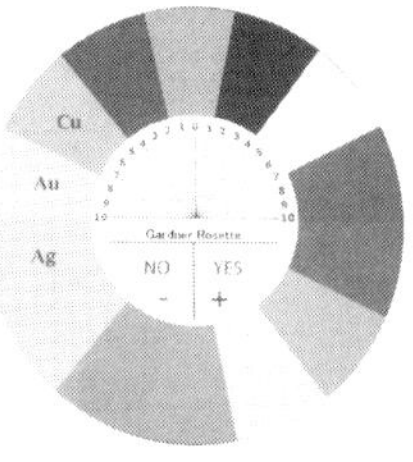

ガードナー ロゼット

アースエナジーのスペシャリスト、グラム・ガードナー氏によって新たに開発された。6つの新しい色が追加されている。

BG3エネルギー

聖地と呼ばれる場所では3つのエネルギー(ゴールド、ネガティブグリーン、ウルトラバイオレット)が調和をもたらしており、この強力なエネルギーをBG3と呼んでいる。

ラヒム・カリム博士が、聖地と言われる場所に必ず存在する**ＢＧ３エネルギー**というものを発見するに至ります。つまり、人間や動物、土地にとっていちばん心地良いエネルギーを見つけたのです。

ちなみに、このペンデュラムは、ただの振り子ではなくて、エジプトの神秘形状学をベースにして、その形から特定のエネルギーを放つように設計されています。セルと呼ばれる16枚の円盤によって、エネルギーが増幅される構造です。ＢＧ３－16ペンデュラムは、ＢＧ３エネルギーをおのずと放ちます。そのため、空間のＢＧ３エネルギーの有無を判断したり、ＢＧ３エネルギーによるヒーリングが容易にできるわけです。

さきほどのカラーで識別する話で言えば、このペンデュラムには、ゴールド、ネガティブグリーン、ウルトラバイオレットの３色のカラーが含まれています。この３つにより、ＢＧ３が構成されているわけです。ちょっと難しくなりましたが、伝わっていますかね？

私はこの意味がわかるのに、５年かかりました（笑）。とはいえ、

イブラヒム・カリム博士

チューリッヒ工科大学卒。バイオジオメトリーによるエネルギーの質の転換を行う方法を発見し、多くの大学や大学院で指導。２００５年にはスイスのさまざまな地域の電磁波汚染対策についての功績が認められ、スイスの雑誌『Anzeiger』にてマンオブザイヤーに選ばれた。エジプトの健康・文化・観光大臣にアドバイスを行う立場にもあり、建築家としても建築学や工業デザインに関する指導を行っている。

その情報がなかったから調査に5年かかったということで、整理された理論を知れば、とても簡単なんです。誰でもすぐにBG3の活用ができるようになります。

III

ランディの仕事場でエネルギーチェック

まずは調和エネルギーを見つける練習から

田口　そのペンデュラムで、この部屋のエネルギーを調べられますか？　その場所に置いてはいけないものを置いてるとか。

加藤　できますよ。やってみましょう。その前にまず、僕の荷物がこの場を乱してますね。ほんと、こういうのはよくない（笑）。

――加藤が持参したダウジングツールが、ごちゃごちゃと転がっている。

加藤　いまランディさんは「置いちゃいけないものがないか」とおっしゃいましたが、ダウジングでは〝良いもの〟（有益なエネルギー）から探すようにしています。それがなぜかは、後でくわしく説明しますね。ではまず〝良いもの〟を探すための簡単なトレーニングから。これは、BGエナジークリアリングトレイというものです。

――テーブルに小さな金色のプレートを置く加藤。

加藤　一般に聖地と呼ばれている場所には、あるエネルギーが共通して存在しています。ＢＧ３（76ページ）と呼ばれていますが、そのエネルギーと同じものを放つ図形が刻まれたプレートが、これです。スーザン・コリンズのように、言葉でエネルギーをつくる人もいます。ただし、言葉はいろんな意味があって個人差が出やすいという側面がありますね。それに対して、このプレートのような形のエネルギーは形そのものから作り出されるので、個人差はありません。

田口　それ、ちょっと、よく見せてください！

――プレートを覗き込むランディ。

田口　写真に撮ってもいいですか？　聖地のエネルギーを放つ図形なわけだから、写真でも聖地のエネルギーが出ているということですよね。

加藤　あんまりはっきりとは言っていないですが、まあ、そうですね。この図形をコピーしても使えます。たとえば、そこに天然石などを置いておけば、浄化されます。

ＢＧエナジークリアリングトレイ

1〜2分程度、このプレートの上に置いて浄化を行う。ＢＧ3-16ペンデュラムを使ってＢＧ３エネルギーを探知するトレーニングに取り組むなど、その探知をしながらＢＧ３と響き合い、自身のエネルギーシステムを整えることもできる。

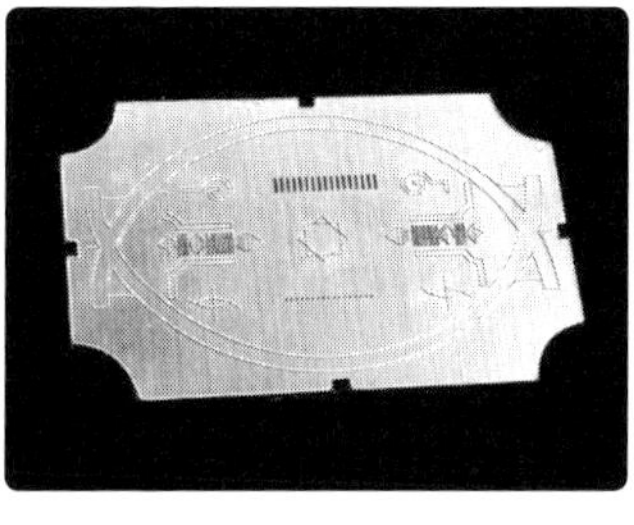

田口　じゃあ、撮らせてもらいますね。えへへへ。

――スマートフォンで写真に撮って微笑むランディ。

加藤　このプレートは良いエネルギー、つまりBG3しか放ちません。だから、その〝良いもの〟を感じ取る練習に使っています。ダウジングをやっていると「病気のあるところを探してください」とか「悪い場所はないの？」と聞かれることがほんとうに多いんですよ。だから〝良いもの〟を感じ取る練習って、あまりなじみがないと思いますが、ではやってみますね。

――BG3-16ペンデュラムを手にする加藤。最初は縦揺れをしていたが、プレートの上に移動させると、ペンデュラムが回転し始める。

加藤　いま手にしているのは、良いエネルギーを放つペンデュラムです。そして、プレートから放たれる同種の良いエネルギーに反応したので、右回転を始めています。このように、良いものと良いものが共鳴し出すと、どんどんどんどん大きくなって、ぶわ～とあたたかい感じがします。ペンデュラムがプレートから離れると、このよ

ペンデュラムはプレートに反応して、まるで生き物のように動きを変える。

ＢＧ３の有無を検知する方法

プレートの外で縦揺れ

ＢＧ3を探知していない

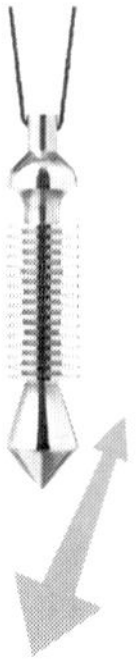

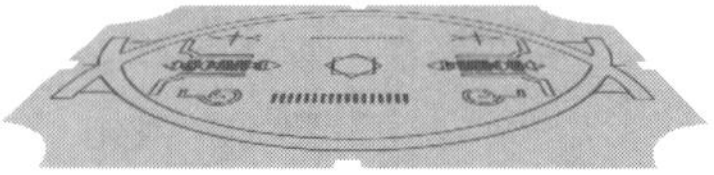

BG3-16ペンデュラムは、BG3を放ちながら、BG3を検知する。

プレートの上で回転

ＢＧ3を探知している

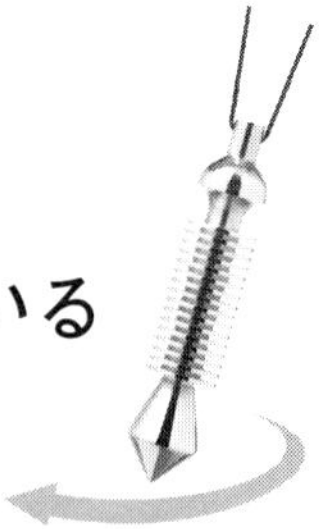

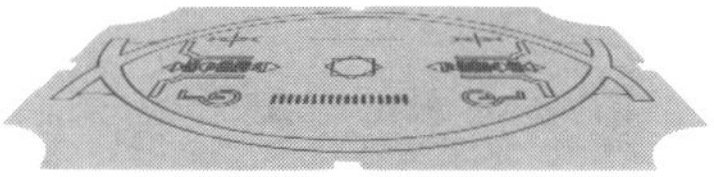

BG3同士が共鳴すると、ペンデュラムが回転し始め、手にも温かさが感じられるほどになる。1日5分程度、こうしてプレートの上でペンデュラムを動かすトレーニングを1週間続けると、ＢＧ3エネルギーの有無がより感じられるようになる。

うに再び縦揺れに戻ります。これが良いエネルギーを見つける練習です。

——加藤は、BG3-16ペンデュラムをランディに渡す。

加藤　はい、ではランディさん。

——BG3-16ペンデュラムを手にするランディ。ペンデュラムを見つめてダウジングを始める。

田口　あれ、勝手に終わってしまいますよ。

——ペンデュラムはほとんど反応せず、動かない。

加藤　何か感じないですか?

田口　いえ、感じないです。

加藤　どうしても人は、悪いものを見つけたがるのかな（笑）。

田口　うわ〜、あれれれ。

――ランディが手にしているペンデュラムが、だんだんと回転を始める。

田口 見つけてる、見つけてる。

加藤 しばらくやってみてください。これが聖地やパワースポットを探す練習です。

田口 うわあ、よく回るよ、これ。あ〜、なにか、あがってきてる！

加藤 そう、湯気がでてるような温かい感じがしませんか。いま、共鳴し合っているから、どんどんエネルギーが増えています。さっき、ランディさんは「形のエネルギーがピンとこない」ということでしたが、直感でわからなくても、手の感覚は妄想が入り込む余地が少ないんですよ。たとえば、自分の手がモワ〜ッとすると感じているなら、それを感じつつペンデュラムを回し、その感覚で理解していく。そういうのって邪念が入りにくい。これは、放っているもの（ペンデュラム）で放っているもの（プレートの良いエネルギー）を探す、という原理です。

田口 なんだろう、うわ、ペンデュラムをプレートからずらすと……、ペンデュラムが戻りたがる（笑）。

加藤 そうなんです。プレートとペンデュラムのエネルギーが同種で、共鳴しているから。

田口　面白い。行きたがる、行きたがる！

――ペンデュラムを回し続けるランディ。

加藤　いま、ランディさんは〝良い場所に響く〟という感覚を体験したわけですよ。

田口　まずは頭とペンデュラムに体験させたんですね。良い波動と共鳴したときを覚えさせて、それを応用するわけね。

加藤　そのとおりです。では、今度はプレートがないところでも、やってみましょうか。いま感じたエネルギーと同種のものが、この部屋のどこにあるか探していきましょう。ペンデュラムを縦揺れさせさせながら歩いてみてください。それで、よく揺れる場所を探してみてください。良いエネルギーと共鳴する場所がどこにあるのか。

――ランディはペンデュラムを片手に揺らしながら部屋を歩き出す。一方、加藤はLロッドを構えて、部屋のエネルギーをチェックしていく。やがてランディは、ソファーとテーブルの前で立ち止まった。

田口　このへんは、わりと反応しますね。花を置いてるからかな。

加藤 良い場所とは、もちろん人によって異なりますが、一般的にはやっぱり居心地の良い場所ですね。あと、ここにエネルギーの流れがあると思いますが、感じます？

――部屋の対角線に、エネルギーの流れ（エネルギーライン）を指差す加藤。

加藤 ちなみに、エネルギーが高い場所と、自分が良いと思う場所が完全に一致するとはかぎりません。どんなに良い場所であっても、自分が放っているエネルギーと落差があると、心地悪いから。あとは逆に、なんかイヤな感じがする場所はどうですか？

田口 私にとってイヤな場所って、やっぱり北側の窓際の方ですね。なんだか、そのへん、あまり好きではないです。

――北側の窓際は日光も入らず、使っていないイスだけが置かれている。

加藤 そういう場所は、高い波動のエネルギーを放つものや、浄化グッズを置くと良いですね。あと、いつも仕事しているデスクまわりはどうですか？

田口 いいですよ、わりと。いいことにしておかないと（笑）。

Lロッドダウジングで隅々エネルギーチェックする。反応があると、ロッドが広がるか、クロスする動きを示す。広い空間のチェックにはLロッドが向いている。

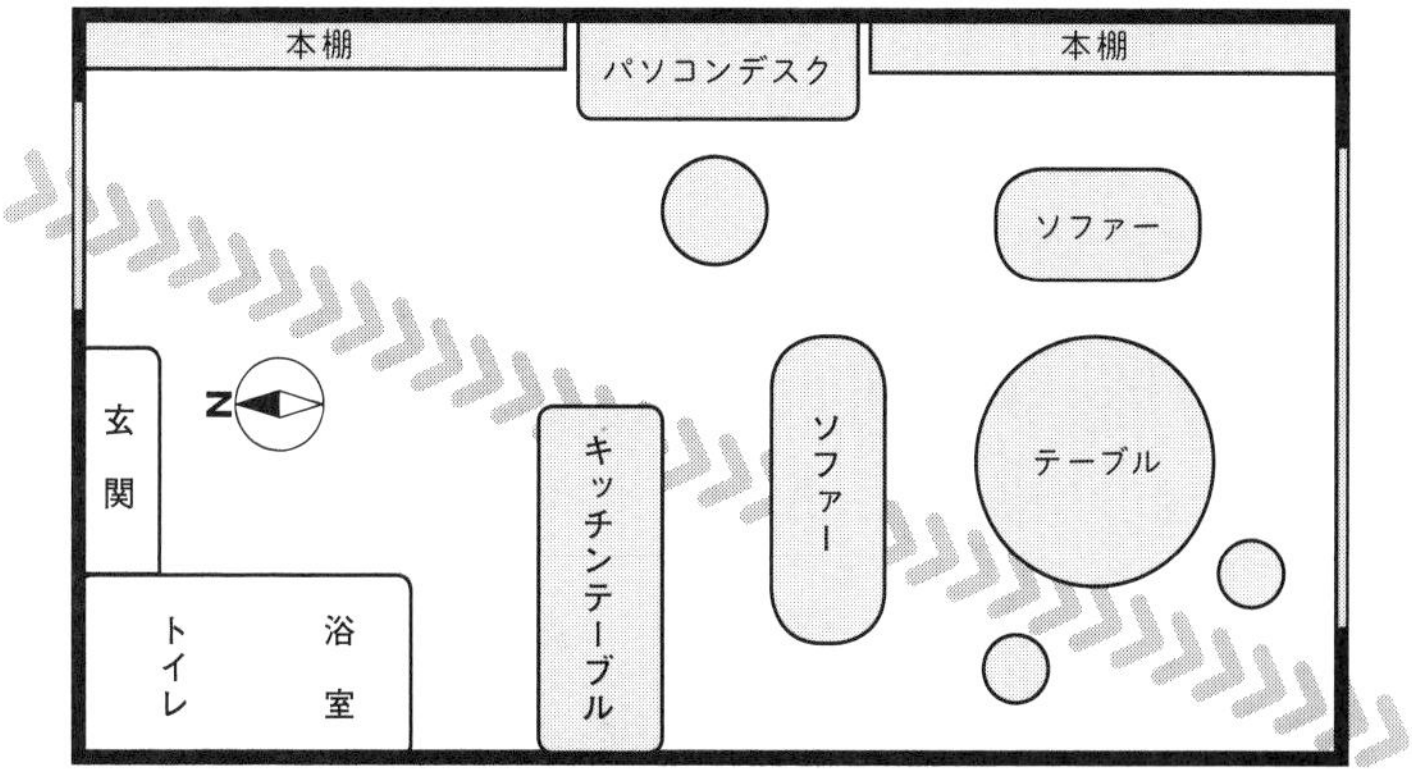

エネルギーライン上は、絶えずエネルギーが流れているため、長時間過ごす場所（座る、眠る）としては避けた方が良い。ネガティブなエネルギーならなおさらだが、自分のエネルギーとは異なるエネルギー場に長時間いることは、ストレスになりやすい。

加藤　それ、けっこう大事なことですよ。「良い場所だ」と言い続けてペンデュラムを右に回すと、良いエネルギーが勝手に出るんですよ。ちなみに、それをもっと強力にしたのが、BG3―16ペンデュラムによるダウジングです。意識エネルギーに形状エネルギーをプラスさせるというか。

田口　いい子、いい子してるみたいな感じですね（笑）。

――デスクまわりでペンデュラムを回し続けるランディ。

加藤　たとえば、空き家のエネルギーは悪いけれど、人が住み出すとよくなったり、あと賛美歌が唄われる教会が良いエネルギーを放つのと同じ原理です。高めようと努力すると、エネルギーも良くなるわけですね。

そういえば先日、江原啓之さんも静岡県掛川市（加藤の地元）の**事任八幡宮**にいらしたときに同じことを言っていました。道路によってエネルギーが遮断され、元々あったエネルギースポットがエ

事任八幡宮
己等乃麻知比売命（ことのまちひめのみこと）という言霊の神をお祀りしている神社。2016年11月、仕事で言葉を扱うランディは縁を感じて参拝に訪れたところ、その日、スーザン・コリンズによる誘導瞑想で見たオオカミが写真に映っていたという（コートの背）。後日、スピリチュアル・カウンセラーの江原啓之氏にその写真を見せたところ、「決して悪意などなく、むしろ、この場所に興味をもっているランディさんを自然霊が見ているという、ほほえましいような写真です」とのことだった。

ネルギーダウンしたけれど、人の努力によって、新しくエネルギーが作られたと。事任八幡宮に結びの神が奉られていますが、そこに立ったランディさんの写真に、例のオオカミの形をしたものが写り込んでいたわけですが。

田口 エネルギーが悪い場所、自分がイヤな場所をどうしたら良いか、対処法について、もっと聞いておいていいですか？

加藤 浄化グッズを置くのも良いかと思いますが、いちばんはその場所で過ごす時間をできるかぎり減らすことですね。「なんだそんなことか」とか言われそうですが、たとえば人間相手でも、いやがらせしてくるような人への対処法は、その人と接触しないのがいちばんですよね。それと同じだと思います。そんな人を説得しようとしたり、何か物をあげたりしても、逆効果だったりしますから。

シンボルのエネルギーとは？

立体の神秘図形がペンデュラムとしてエネルギーを発するように、五芒星やフラワーオブライフなどの平面の図形＝シンボルも固有のエネルギーを放射しています。中でも、カリム博士が長年の研究の末に完成させた**バイオジオメトリー シグニチャー**という図形群は、エネルギーを高めるだけでなく、ピンポイントで人間の各器官・臓器と共振共鳴し、バランス化することに成功しました。

一見すると、複雑で意味不明な図形ですが、一筆描きで構成されており、エネルギーの動きをより円滑にしています。ヒーリングは「形」の活用によって、誰でも扱える、よりシンプルで普遍的な技術になっていくことでしょう。

『BioGeometry Signatures Mandalas Coloring Book』（ドリア・カリム著）より

ドリア・カリム

バイオジオメトリー創設者であるカリム博士（77ページ）の娘で、国際的な舞台でバイオジオメトリーの普及のために活動している。上記の書籍では、多くの図形を組み合わせて目的別のマンダラを作り上げた。左写真は、2017年8月ニューヨーク・セントラルパークにて加藤とともに。

究極のエネルギーがあった！

田口　じゃあ、加藤さん、次はちょっとギアを換えて、このCDを調べられませんか？　一昨日もらったばっかりのCDなんですが。

――ランディがテーブルの上に置いたのは、ジャケットのない、まっさらなCD。何が入っているかはわからない。

田口　このCDにどんなエネルギーが入っているか調べてほしいんですよ。詳細に。

加藤　わかりました。まず、BG3―16ペンデュラムを使うと、有益なエネルギーを持っているか持っていないかが一発で調べられます。BG3とは、先ほど説明したように聖地やパワースポットに必ずあるエネルギーです。名前のとおり、3つのエネルギーが含まれているのですが、くわしくは後でということで、まずは調べましょう。

――CDの上でBG3―16ペンデュラムを回す加藤。

加藤　反応しますね。まだ何だかわかりませんが、エネルギーが高い音声か音楽が入ったCDでしょうか。ではもっと詳細に調べていきます。次は、**ラディオニックペンデュラム**を使いますね。……あれ、どこに置いたっけ？

――**ラディオニックペンデュラムを探して歩く加藤。**

田口　怪奇現象ですか（笑）。でもさっき、部屋の測定で使ってましたよ。

加藤　そのペンデュラムをダウジングで探さなきゃ（笑）。……あ、ありました。では、始めます。

――**CDの上で、ラディオニックペンデュラムを操作する加藤。球形の本体にあるダイヤルを換えながら、さまざまなエネルギーの有無をチェックしていく。**

加藤　まず、ゴールド、**ネガティブグリーン**は拾いますね。

田口　それ、どういうことなんですか？

ラディオニックペンデュラム

現代ペンデュラムの最終進化形とも呼ばれる機種。エネルギー分析とエネルギーカラーセラピーを同時に行えるのが特長。静置した状態ですらエネルギーを放っており、それはキルリアン写真でも確認できる。内部にはアルミ製のセルバッテリーが4つ取り付けられている（セルバッテリーとは、電気を貯めるものではなく、エネルギーを増幅させる半円球状のもの）。

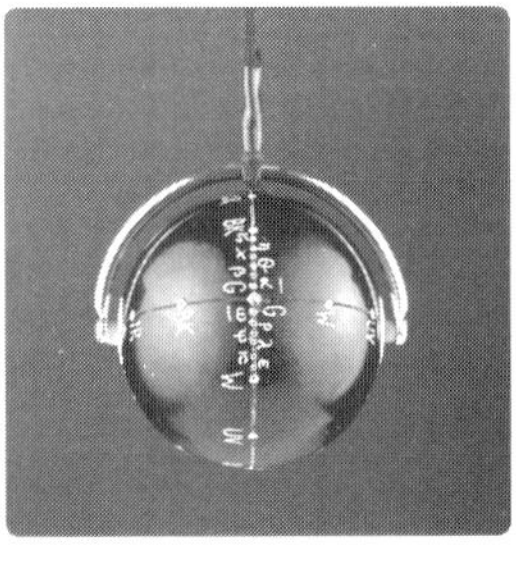

加藤　ゴールドとネガティブグリーンとは「自然界最高レベルの調和」と言われる3つのエネルギーのうちの、2つですね。どんなエネルギーなのかをあえて言葉にすれば、ゴールドは神の叡智と究極のバランスです。ネガティブグリーンはピラミッドパワーと同じ類のもので、エネルギーを伝達する力です。あと、その2つに対してはやや少なめですが、BG3のうち3つ目のウルトラバイオレットも拾いますね。

田口　そのウルトラバイオレットとは？

加藤　エネルギーの活性化、スピリットが存在する雰囲気のエネルギーです。聖地、天使につながるエネルギーとも言えます。このウルトラバイオレットが少なめとはいえ、BG3がありますし、何よりネガティブグリーンが検知されたのは、はっきりしています。

田口　それは、このCDが12色のカラースペクトラムのうちの、ネガティブグリーンと共鳴しているということですよね？

加藤　そうです。ちなみに、ちょっと専門的な話になりますが、ネガティ

ネガティブグリーン

1933年にベリザルとシャメリーにより発見された、もっともパワフルな神秘エネルギー。いわゆるピラミッドパワーと呼ばれるエネルギーも、このネガティブグリーンのエネルギーのひとつ。20世紀前半には腫瘍やガン、細菌性の病の治療にネガティブグリーンのエネルギーを使うダウザーも登場した。「グリーンマイナス」「ラディエスセシアグレイ」と呼ばれることもある。

ブグリーンのネガティブとは「否定」を意味するのではなく、12色のカラースペクトラムの配置図上で「グリーンの対角線上にある」ということで、マイナスの意味はありません。あと、ネガティブグリーンという色はないんです。グリーンの対角線上にあるため、便宜上そう呼んでいるだけで。さらに、このネガティブグリーンには、有益なエネルギーと害のあるエネルギーがあるのですが、別のダイヤルでチェックしたところ、害のあるエネルギーの方はありませんね。

田口 とにかく、このCDにはピラミッドパワーのような強力なエネルギーが入っているということですね。それも良い方の！ ピラミッドパワーって、そもそも何ですか？

加藤 じつは、世界で誰も説明できていないんです（笑）。ただ、日本人にわかりやすいように言うなら、氣の中でもいちばんパワフルな氣と言えますかね。創造するときも破壊するときも必須となるエネルギーでもあります。欧米のダウザーたちが、ピラミッドにどんなエネルギーがあるのかを研究した結果、このネガティブグリーンにたどりついたわけです。歴代の研究者たちが取り憑かれる魔法のエネルギーでもあります。

田口　インドで言えば、ブラフマンですね。では、いよいよ聴いてみましょうか。加藤さん、今回の鑑定結果から、何が入っているか推測してみてください。なにしろ、ネガティブグリーンですよ！

加藤　自然の音とか？　いや、ひょっとして宇宙人の声？

田口　それだったら、もっと別の鑑定結果になるはずでしょ。では、かけます。

――プレーヤーにCDをセットして再生ボタンを押すランディ。打楽器のリズムとともに、重低音で芯の通った男性の声が流れてくる。ランディも加藤も、心地良く聴き入っている。

田口　……。

田口　これは、**ダライ・ラマ14世**のチャントと言われていただいたCDで

加藤　へえー！　ダライ・ラマって、こんないい声してるんですね。この声は、たしかにすごいエネルギーを発していると思います。でも、ウルトラバイオレットが少ないといったら、怒られちゃうかな。い

ダライ・ラマ14世
1935年生まれ。4歳でダライ・ラマ14世として認定され、1940年に即位。1959年にインドへ亡命し、インドのダラムサラに樹立された中央チベット行政府においてチベットの国家元首を務めている。チベット仏教のゲルク派において最高位の仏教博士号（ゲシェ・ラランパ）を持つ僧侶でもある。

や、でもウルトラバイオレットは、サポートするエネルギーを呼び寄せる性質があるので、ダライ・ラマには必要ないってことかも。

田口 さすがです！　じつは「ダライ・ラマのチャントです」と言われたのですが、ほんとかなあ、と思って調べてみると違ったのです。でも、チャントの美しさにおいては、誰のものであれ、良いものです。ウルトラバイオレットのエネルギーは少なくても。

加藤 そうですね。今、このＣＤのエネルギーチェックをやってみたわけですが、良いエネルギーといっても、それぞれエネルギーの特性や質の違いがあります。ダウザーは、前述のようにカラーの種類によって理解しています。

どう影響する？ ジオパシックストレス

日本では、古くからエネルギーレベルの低い場所を**ケガレチ**と呼んでいました。その場所では災害や事故が多く、商売はうまくいかず、病に苦しむ人が多く、動物や作物もあまり育ちません。逆に、エネルギーレベルの高い場所を**イヤシロチ**と呼んでいました。そこでは商売が繁盛し、作物がよく育ち、鶏もよく卵を産み、そして人が健康で幸せになると言われています。場所には固有のエネルギーがあり、その場のエネルギーレベルに人や動物や植物が大きく影響されることは、古くから多くの国々で信じられています。

エネルギーレベルの高さ・低さとは？

人間には、経絡やツボというエネルギーの線やポイントがあることは広く知られていますが、地球にもその人間の経絡やツボに相当するものがあります。いわゆるパワースポットとは、高いエネルギー場のことを言い、生きているものにプラスの影響を与えます。

古代イギリスの巨石遺跡群で有名な**レイライン**も、エネルギーの高い線であり、そのライン上は地球における聖地であり、イヤシロチとも言えます。多くの遺跡群や聖地ではダウザーたちによる調査がなされ、そこにはさまざまなエネルギーラインやパワースポットが存在していることが明らかになっています。

逆に、悪影響を与える場も存在します。**ジオパシックストレス**（geopathic stress）という言葉は、人の身体のシステムに有害な影響を及ぼす、地面から発せられるネガティブなエネルギーフィールドのことです。地下の断層や水脈、鉱石層、エネルギーグリッド、電磁波などによって引き起こされます。

ガン患者の80％が10％の地区に集中していた

１９２０年代のドイツで、ウインザーとメルツァーは、シュットウットガルトにおけるガン患者の多発地域に地層的な欠陥（断層）があることを発見しました。さらに１９３０年にはグスタフ・フォン・ポールにより、有名な調査が行われています。フィ

横に曲がることで、木がエネルギーラインを避けて育っているケース。

ゆがみが出ている木。ジオパシックストレスの影響と考えられる。

column

スルビーブルクというガン患者の多発地域において「ガン患者の80％が、居住地区の10％に集中している」という驚くべきデータが示され、さらに彼の示す地下水脈のラインとガン患者の発生場所が一致していたのです。

ところが、フィスルビーブルクの人口が８３００人程度だったこともあり、水脈との因果関係の調査は、懐疑的に受け取られました。そのため彼は、次にグラフェナラという非常にガン患者の少ない地域の調査を行いました。結果は同じで、彼の調査した地下水脈上に、多くのガン患者がいたのです。

ジオパシックストレスは、人に悪影響を与えるだけではありません。１９７０年代にスイスのジョセフ・コップ博士は、家畜がリウマチ、流産、子宮の障害、搾乳量の減少などが起こっている130軒の納屋を調査し、それらの納屋の地下には必ず水脈があることがわかりました。病気の家畜をその納屋から出すと、次第に健康になり、健康な家畜を入れると、即座に病気になっ

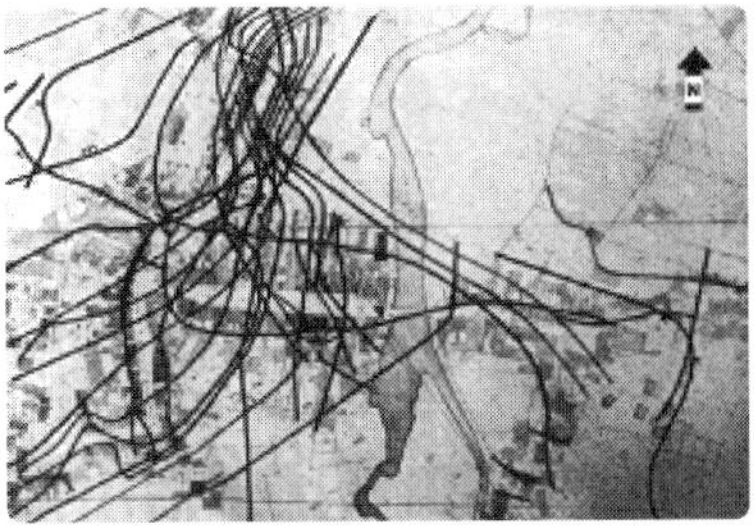

フィスルビーブルクの水脈調査図

たといいます。

土地と病気の関係性については、その後も各国で調査研究が進められました。代表的なものでは、1989年にオーストリアのオットー・ベルグスマン博士がウィーン大学において、人のネガティブなエネルギーに対する影響の調査を行いました。ジオパシックストレスゾーンに10分間いただけで、血清中のセロトニン、亜鉛、カルシウムの減少といった、明らかな生物学的影響を確認しています。

ジオパシックストレスは、どう影響する?

ジオパシックストレスゾーンで長く過ごすと、たとえば毎夜睡眠をとるベッドがジオパシックストレスの上にあった場合、数十年に及ぶ長いスパンで、身体の免疫システムを阻害していきます。睡眠不良や倦怠感は、ジオパシックストレスを受けているときに最初に起こる典型的な症状で、そのまま対処しない

ジオパシックストレスの対策例
寝室にエネルギーグリッドがあり、そこに長時間過ごすベッドがあれば、移動させる。

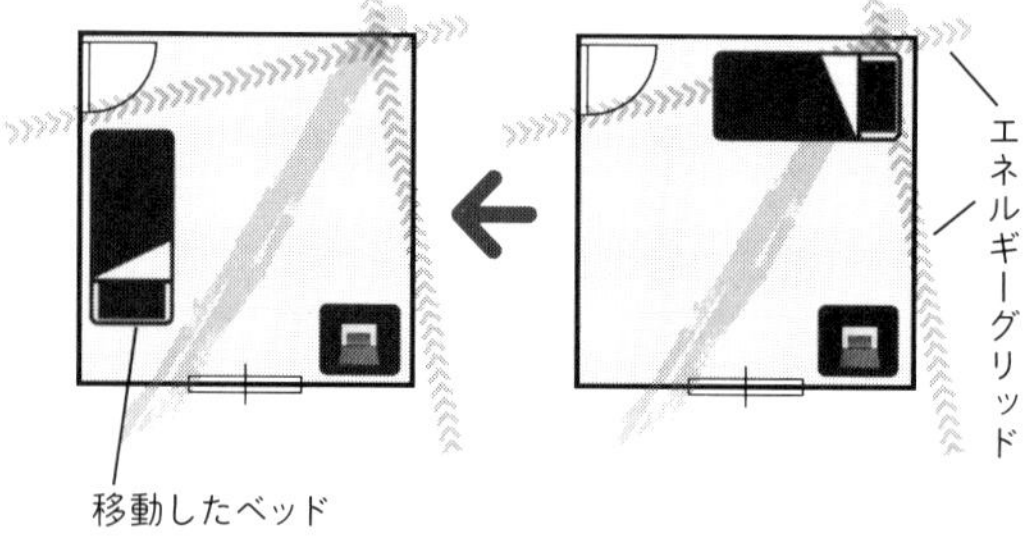

でいると、知らぬ間に病気に蝕まれていくことになります。

高さは関係あるのか？

昨今では高層ビルに住む人も増えていますが、水脈やエネルギーグリッドは、ほぼ垂直に建物のすべての場所に影響していることがわかっています（多くのダウザーは、上空の飛行機の中からでも水脈を探知できる）。高さが増すことでジオパシックストレスの影響が弱まるとしても、ごくわずかだと考えられます。

ジオパシックストレスのさまざまな対策法

まずは長時間過ごす場所、オフィスのデスクや寝室のベッド付近のエネルギーをチェックし、デスクやベッドがジオパシックストレス上にあれば、移動させます。

さらにダウザーは、エネルギーラインを曲げたり、エネルギーをバランス化させるテクニックや、アース・アキュパンクチャー（地面への鍼治療）という古典的な技法も使います。現在では、金属製のロッドを必要な場所に打ち込んでいく、あるいは石を立てる、銅コイルや銅チューブ、クリスタルを置くという方法もあります。

イシスペンデュラムによるセルフヒーリング

私たちは日々、さまざまなエネルギーと共振共鳴しながら生きています。どうも気分が優れない、体が重いというときは、エネルギーレベルで何らかの影響を受けています。時には、それが何のエネルギーか突き詰めることも必要かもしれませんが、〝不調和〟に意識を向け過ぎると、かえってその不要なエネルギーを増幅させてしまう場合もあります。そうならないためにも、感情、身体、精神、スピリチュアル、それぞれのレベルでバランスを整える必要があります。

ダウジングでヒーリングできる？

ダウジングは、眼に見えないエネルギーを探知するだけではなく、エネルギー自体を変化させることができます。つまり、自分やクライアントに対して簡単にヒーリングできるのです。もし、調子を崩した原因が頭から離れないとしても、ペンデュラムを介することで、意識をエネルギー調整のヒーリングにフォーカスしやすくなります。

イシスペンデュラムを使う理由

これから紹介するヒーリング法は、どのペンデュラムでもできますが、少し注意すべき点があります。日本で流通している多くのペンデュラムは先端のボブ（重り）が天然石ですが、その石が何らかのエネルギーを吸収している場合があり、ゆえに、ヒーリングしているつもりでも、クライアントや自分に意図していないエネルギーを送ってしまうこともあります。

そのため、プロダウザーは、エネルギー的に中立な真鍮製のペンデュラムを好んで使います。中でもイシスペンデュラムはその形状自体がバランスと安定のエネルギーを放ち、かつ自浄効果があるので、常に調和のエネルギー状態を保っているのです。

では、イシスペンデュラムを手にして、さっそく始めてみましょう。とてもシンプルなテクニックなので、ダウジングの基本さえ覚えていれば、すぐに始められます。

イシスペンデュラム

「オシリス神の背骨」とも呼ばれる神聖図形のジェドピラー(Djed Pillar)が元になっており、生命の象徴であるエジプトの女神イシスにちなんで名付けられた。そのエネルギーは、バッテリーと呼ばれる4枚の円盤（セル）によって強められている。

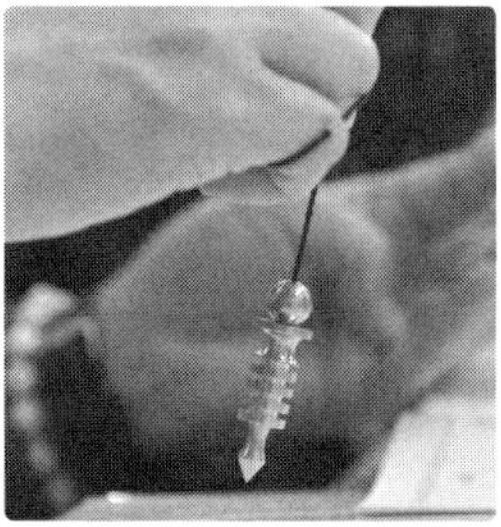

STEP①

ペンデュラムを手のひらにかざす

利き手でイシスペンデュラムを持ち、逆の手の上にかざします。同時に、大きなペンデュラムが自分の頭の上にあるとイメージします。

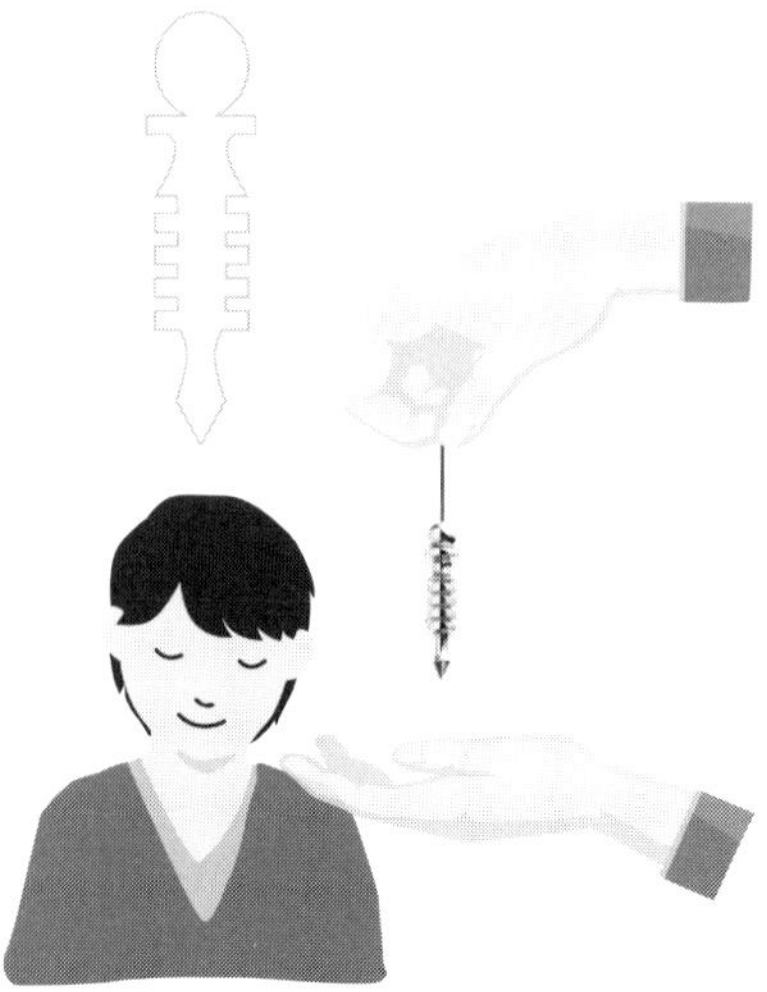

STEP②

メンタルコマンド（意図する）

自分のエネルギーをバランシングすると意図します。「今から私のエネルギーバランスを整えます」と声に出してもＯＫ。

STEP③

エネルギーの適正化

手のひらにペンデュラムをかざしていると、自然と**左回転**、あるいは**右回転**し、エネルギーの適正化が始まります。ペンデュラムから放たれる調和のエネルギーは、あなたと共振共鳴して、あなたのあらゆるレベルをヒーリングしていきます。

STEP④

クロージング

エネルギーバランスが整えられると、ペンデュラムがおのずと止まります。これで、ヒーリングのプロセスは完了です。感謝とともに終了しましょう。

※　※　※

手のひらで、あるいは身体全体でエネルギーを感じて楽しむことも、感性を養うトレーニングになります。もちろん、感じることができなくても、エネルギーバランスの効果は変わりません。

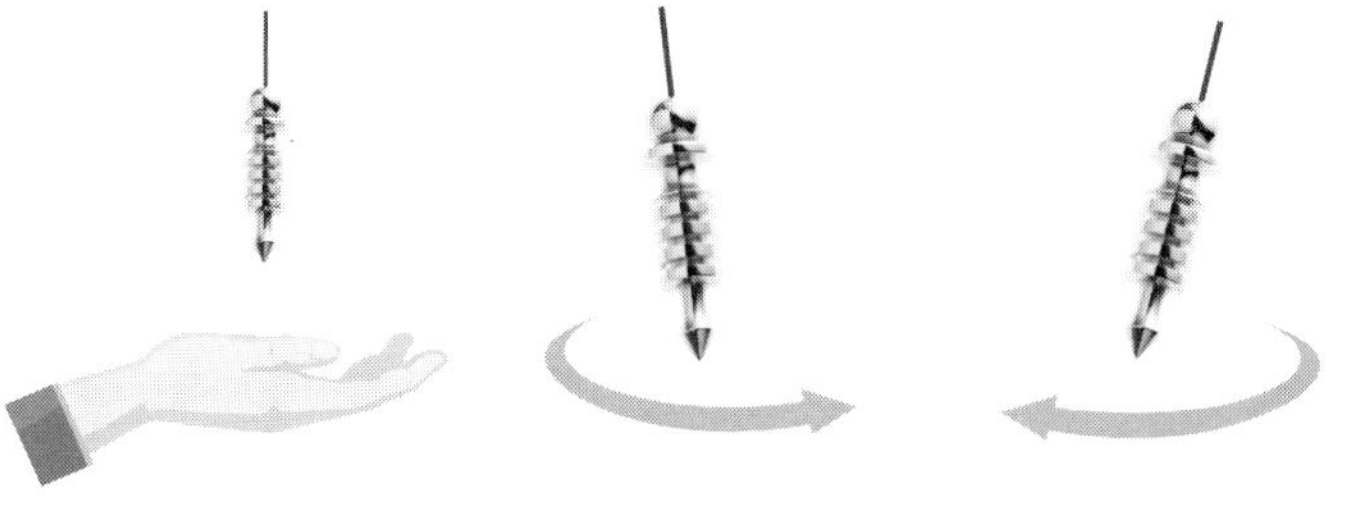

停止した状態
バランスが、取れている。

左回転(反時計回り)
エネルギーが、出ている。
不要なエネルギーの排出

右回転(時計回り)
エネルギーが、入っている。
有益なエネルギーの活性化

Ⅳ

フォーカスを変えて〝良いもの〟を探す

「形」は、宇宙共通言語？

加藤　じつは、さきほど解説したＢＧ３エネルギーのＣＤもあるんですよ。置いてあるだけでエネルギーが出ているので、再生する必要がない。音としてのエネルギーが入っているわけだから。

田口　形状の波動を音に変換して音楽を作っているアーティストもいますしね。エネルギーは音になったり、色になったり、自由に変換できるわけですね。

加藤　音も波長という形ですから。幾何学形状の研究者であるジェイソン・クィット（74ページ）は、すべての共通言語とは形だと言ってますね。

田口　そうですか。たしかに、宇宙人に遭遇した人たちの話を聞くと、彼らが最初にキャッチするのは形状だと言います。しかも共通項があって、同じ形を見せられているんです。まず、最初にくるのが五

バイオジオメトリーバランシングＣＤ
部屋と人に最高次元のバランシングエナジーＢＧ３が共振共鳴し、高いレベルのバランスを促す15分間の音楽ＣＤ。

芒星だとか。

加藤 それは面白いですね。僕にとって宇宙人は理解不能の話で、ちがうジャンルだと思っていましたが、地球人と宇宙人との対話において、共通言語として使うことができるものがあるとすれば、形しかないのかもしれないですね。

田口 この現象世界においては、形とは波動に近いものでしょうか。形は、視覚でしか感じ取れないじゃないですか。でも、頭の中に形がバーンとくるんですって。宇宙人に遭遇した人の多くが、そう語っています。

加藤 それだったら、僕も宇宙人と会ってみたいな。

田口 秋山眞人（61ページ）さんも、いろんな形を見せられて何度も何度も学習させられたとおっしゃっていました。『願望実現のための「シンボル」超活用法』（ヒカルランド）という本も出されていますね。宇宙人は、シンボルを伝えてくるってことです。だからダウザーも、宇宙人とつながっているんじゃないかな。

加藤 ということは、形を理解すれば、宇宙人と話しやすくなるんですかね？

田口 遭遇した人たちから言わせると、有無を言わせず見せられるらしいですけどね。

加藤 へえ〜。

田口 なぜそんな形を見せられるのかわからないって言ってて。でも、繰り返し何らかの形が送られてくるので、描き留めるしかなくて。

加藤 それで、その意味がわかるんですか？

田口 わからないです。でも、描き留めるの。その形をたくさん描いたメモ帳を持って歩いている人もいます。どんどん送られてくるから。意味を教えてくれたらいいのに、教えてくれないらしいですよ。宇宙人はケチなのかな（笑）。どうやら、形の意味を考えちゃいけないらしくて。だから教えてくれないんじゃないかと。形を言語的な意味で理解しようとすると、形が持っている何かが損なわれるのかもしれませんね。

加藤 意識エネルギーが入ってしまうわけですね。

田口 そうそう。だから純粋に、ピュアに感じ取れと。ゆえに、ただただ繰り返し見せられる。

ダウザーとゴーストバスティング

加藤　フランスで現地のダウザーたちと交流していたとき、ゴーストバスティングに参加したことがありましてね。

田口　えっ、ゴーストバスターするの？

加藤　はい。もともとは聖地巡りツアーの予定だったんですが、ゴーストバスティングの依頼が飛び込んできたので、最後にやることになったのです。フランスでは、一般人がダウザーに救援を頼んでくるわけです。ちなみに、パリにはダウジングの専門ショップもあるし、ペンデュラムが普通の雑貨屋とかに置いてありますね。

まず聖地巡りの方ですが、パリ郊外の小さな教会に行きました。自分たちはどこに行くべきか、ペンデュラムを手にゲートを探していく。エネルギーが良いところにいけばＯＫというのではなく、見えないゲートを見つけて、そこに自分のエネルギーが合ったら進む、という具合で。いきなり進んでいかないわけです。そんなふうに聖地を分析しながら、自分に合ったタイミングで正しい道を通って、自身のエネルギーをアップしていくわけです。

ゴーストバスティングに行ったのは「不幸続きの呪われたパン屋さん」と呼ばれるお店。どうもこの建物がおかしいっていうことで、ダウザーに依頼してきたのですが、まず周辺の**グリッドライン**を見つけていくと、ラインがあるところだけ、木が枯れていたりするわけです。ユニークなのは、パン屋の男性は自分で依頼してきたのに、どこか半信半疑なんです。けど、解説だけはちゃんと聞きたがる。

田口 私も、そのタイプ（笑）。

加藤 そして、パン屋さんの地下をチェックすることになりまして。まずダウザーグループのリーダーが入っていき、何かのシンボルを床に描きつつ、「君と君は、入ってよし」という具合で、選ばれた人と降りていくんです。僕もかろうじて選んでもらって（笑）、同行しました。すると、パン屋の地下では教会とつながっていて、そこは昔、迫害された人の逃げ道だったらしいのですが、通路がふさがれていて、その先がパン屋だったということがわかったんです。つま

グリッドライン

地球上には、格子状にエネルギーの線（グリッド）が走っている。有名なものにカリーグリッドとハートマングリッドがある。カリーグリッドは、斜めに北西と南東を結ぶ線、および北東と南西を結ぶ線からなる。ハートマングリッドは東西に2・5メートル間隔、南北に2メートル間隔で地球の表面上に格子状に張り巡らされていると考えられる。Lロッドやペンデュラム、ボバーを使い、グリッドラインを見つけ出すことができる。特にこれらが交差するポイントは人に害があるため、そこで長時間過ごすことは避ける方が望ましい。

り、「霊道」がふさがれていたわけです。その様子はYou Tubeにあげているので、誰でも観ることができます。なかなかの迫力ですよ。

田口　ダウザーは、そんな霊などの眼に見えないエネルギーを、ツールで形や色に翻訳して探し出していくわけですね。面白いなあ。

加藤　なんとかわかってもらうために頑張ってきた歴史がありますね。世界のダウザーたちは。ちなみに前出のスーザンは、同じダウザーでも別のスタイルで「亡霊や幽霊がいたら、なんでも私のところへ送ってちょうだい」って言っていますね（笑）。もう時間と空間を越えています。

JSD日本ダウジング協会チャンネル
https://www.youtube.com/user/tennisballish

〝良いものから探す〟発想を持つ

加藤　この前、江原啓之さんが僕の地元にいらした際に、僕が運転する車の助手席に座っていて、ある交差点で「ここで交通事故か何かありましたか？　走り続けてる霊がいる」って言いまして。それ、たしかに昔、この場所で強盗を追いかけた魚屋の息子さんが強盗に刺されて殺されてしまった事件があったので、びっくりしたんです。うちの奥さんと「どうしたらいいんだろうね。かわいそうに」って話してたら、「だったら、スーザンのところへ送っておけばいいんじゃない」って言ってて（笑）。亡霊や幽霊もエネルギーの一種ですから、その扱い方も対処法もさまざまだと思います。

田口　たしかに。周波数が微妙にちがうから、感じ取っているものの表現の仕方もちがうのでしょう。細かくバリエーションがあるんだと理解した方がいいですね。
　ダウザーもそれぞれキャッチしてるものがちがうのだと思います。同じ紅茶の香りをかいでも想起されるものがちがうように。たとえば、一口飲むだけでお茶の葉が特定できる人もいれば、逆に葉っぱには興味がないけどお茶を淹れた人のことならよくわかるとか。それくらいバリエーションがあるから、誰かに何かをお願いするときは、その人のことをよく知って、その人の波長と合うかどうかが大事ですね。

加藤　僕もそう思います。たとえば、ダウジングでヒーリングする人でも「病気（悪いところ）がどこにあるかを見つける」タイプがほとんどですが、中には「良くなるための治療ポイントを探す」というダウザーもいますから。

田口 やっぱり、多くの人が良いものを探す発想になっていないんでしょうね。悪いものを指摘して、人を不安にした方がお金になりやすいから。

加藤 ヒーリングする側だけじゃなく、受ける側も悪いことを指摘してもらいたがるという面もあります。「ああ、ここ悪いですね」って言われたいとか。「つらいですね、こんなひどい腰は見たことがない！」って専門家に言われると、「そうでしょ、そうでしょ」ってうれしくなる。まあ、かまってほしいだけだと思うんですけど。

田口 でも、そういう人は、死なないから大丈夫（笑）。

加藤 だから、タチが悪いのかも（笑）。そもそも、ダウジングでも、まず「良いものから探す」という考え方が浸透するようになったのは最近のことで、いわゆる「邪気受け」をしたダウザーが次々に病気になっていった反省があったからです。

経緯から言えば、土地のエネルギーチェックするダウジングが行われるようになって、ダウザーが悪いエネルギーグリッドを見つける技術を高めていったんです。いつも悪いエネルギーを探してて、それがうまくなってきたからこそ、たとえばＬロッドを握っていないときすら感じるようになって、常に悪いエネルギーと響き合ってしまう状態になるわけです。

つまり、悪いエネルギーにチューニングする力がついて、無意識のうちにいつもつながるようになっていたということです。施術をやってる人は「邪気受け」といって知っていることなんですがね。ダウジングの分野では、その認識が遅れていたわけです。

状況ではなく、フォーカスするものを変える

田口 たとえば、優れた占い師は、悪いことは言わないですよね。良い方に意識を向けると、悪い方は自然と改善されていくものとわかっているのだと思います。でも、悪い方に意識を向けていると、その悪い方を改善するのに手一杯になってしまって、実際、良い方があるのにそっちが手つかずになっちゃう。長所を伸ばさず、短所を改善しようとすると、人生はとても短いですね。

加藤　なんか、それ、夫婦関係では耳が痛いですね（笑）。

田口　青森の有名な透視能力者である**木村藤子**さんがよくおっしゃっていたことがあって。彼女のもとには日々、たくさんの人が救いを求めてやってくるわけですけど、それは困った状態でやってくるわけです。「悪いところをなんとかしてください」と。

加藤　それは大変でしょうね。

田口　木村さんは、見てもらいに来た人に「あなた自身はそのままで、状況だけ変えるということはできないんです」と伝えるのだけれど、なかなか理解されないと。不幸の種をつくっているのは、その人のものの考え方だから、それを変えていかないかぎり、透視をして目の前の問題を解決したとしても、根本的な変化を与えることはできないし、逆に大きなお世話になってしまう、と。

加藤　そうでしょうね。悪いエネルギーにチューニングされていたら、現象を消しても悪いエネルギーを受け続けているから、状況は変わらない。

木村 藤子
1947年青森県生まれ。地元で有名な霊能者だった母親のもとで育つ。高校卒業後、信用組合に勤め、30代で自身も霊視者として活動を始める。以来、多くの人の相談に乗るうち、全国的にその名が知れ渡り、「青森の神様」と称されている。

田口　歳をとってきて、いま、自分の中ではっきりしたことは、人は納得するまで悩むし、苦しむから、そこにあまり手を貸しちゃいけないんじゃないかってことです。下手に手を貸すとかえって長くかかるんじゃないかって。信じて何もしない。これがいちばん最短コースかなって。

江原啓之さんもおっしゃってましたけど、祈りは波動として伝わるから、何もできなくてもその人が必ず自分の道を切り開いていけると信じていれば、それは相手に伝わると。あまり何もしないのが良いダウザー、良い占い師、良い霊能者なのかもしれないって最近、思います。

加藤　それは、ほんとにその通りです。

田口　加藤さんがやっているように、困っている人に対しては、フォーカスするものを変えてあげて、その人が持っている良いものや、良い場所に目を向けさせ、意識を変えてもらう。そういうことをするのに、ダウジングは最適ですね。

ペンデュラムをどう選ぶ？

これからダウジングを始める人は、「どのペンデュラムを選べば良いの？」と考えるものです。もちろん、直感や用途で選べば良いですし、複数の機種を使い分けることも少なくありません。それでも天然石、木、真鍮などの素材があり、幾何学形状のペンデュラムにも多様な機種があって、いざ選ぶとなると悩むものです。そこで、このコラムではダウザー（あなた）の特性から選べるように8つのタイプを設定し、それぞれ最適なペンデュラムを挙げました。是非、参考にしてください。あなたにふさわしいタイプ（目指すべき存在、憧れる存在）はありますか？

A 神官

B ヒーラー

C サイキック

D シャーマン

E 聖職者

F 学者

G アーティスト

H ナチュラリスト

TYPE A
神官

BG3-16ペンデュラム

聖地と呼ばれる場所に存在する自然界最高レベルの調和エネルギーBG3（76ページ）の有無を調べ、意図的に右回りの回転をつくることで、有益なBG3エネルギーのみを放射。ヒーリングスティックとして使うこともできる。

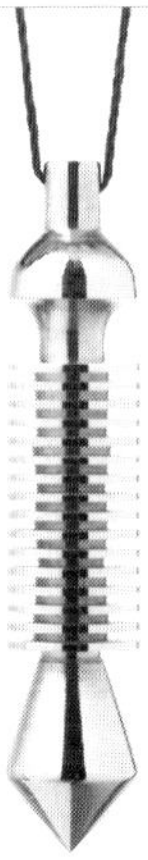

メンタルやサイキックではなく、純粋なエネルギー共鳴を利用。

TYPE B
ヒーラー

イシスペンデュラム

人のエネルギーフィールドのさまざまなレベル（身体、感情、精神、スピリチュアル）に働きかけることができるため、チャクラバランシング、オーラクリーニング、施術前後のエネルギーチェックなど、ヒーリング全般に適している。

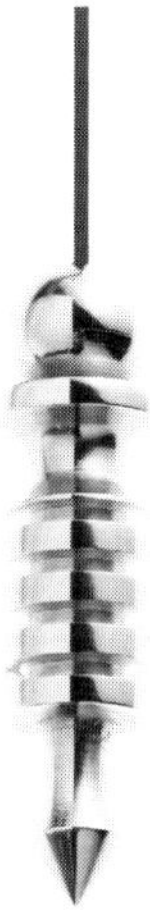

「最初に持つべきペンデュラム」として世界中のダウザーが推奨。

TYPE C
サイキック

カルナックペンデュラム

キャリッジ・ウェーブというエネルギーを発信し、さまざまなレベルの情報を運ぶ性質があり、遠隔ヒーリングや遠隔探査（マップダウジング）に適している。もちろんサイキック（超能力者）でなくても使用でき、潜在能力の開発にも役立つ。

「王者の谷」のカルナック神殿の石棺で発見された形状。

TYPE D
シャーマン

オシリスペンデュラム

古代エジプトのオシリス神にちなんで名付けられた。連結した半円球形状が強力なネガティブグリーンのエネルギー、いわゆるピラミッドパワーを生み出す。取り扱いには注意が必要だが、高度なヒーリングには欠かせない機種。

使わないときはエネルギー遮断シートやアルミホイルで包む。

TYPE E
聖職者

マーメットペンデュラム

20世紀前半の伝説の牧師アベ・マーメットが開発（当時は教会の建設や土地の浄化など、ダウザーの活動をする聖職者が多かった）。空洞に探す対象の目印を入れることで、的中率をアップできる。

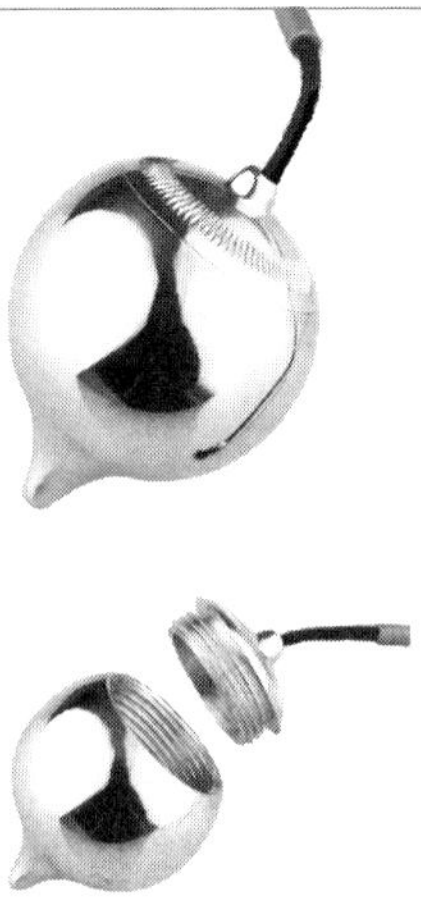

チャンバー（空洞）に探す対象物や人の写真、髪毛などを入れる。

TYPE F
学者

センシングペンデュラム

シンプルなフォルムで動かしやすく、冷静かつ端的な分析に特化したダウジングを行う。世界共通のエネルギーレベル測定スケールでも、センシング用ペンデュラムが使用されている。

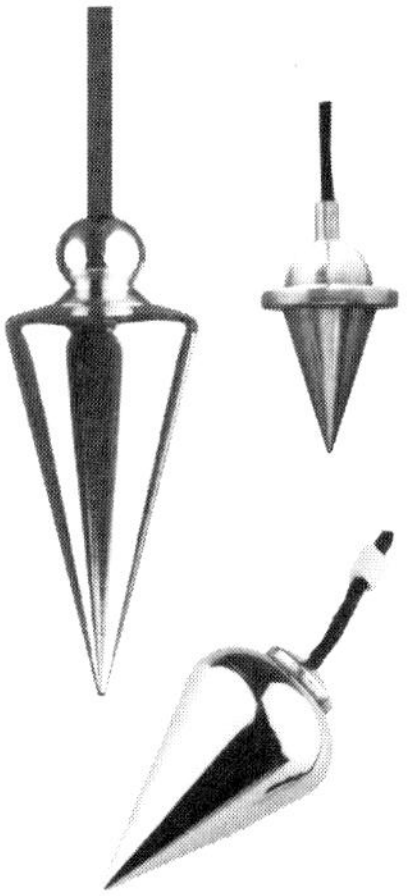

土地や空間のハーモナイズ、風水にも便利なツール。

TYPE G アーティスト

天然石のペンデュラム

無数の種類の石から、好みの形状にカットされたものを選べる。ローズクォーツなら「愛」、水晶なら「浄化」、タイガーアイなら「仕事運」というように、石固有のテーマやエネルギーを活用できる。

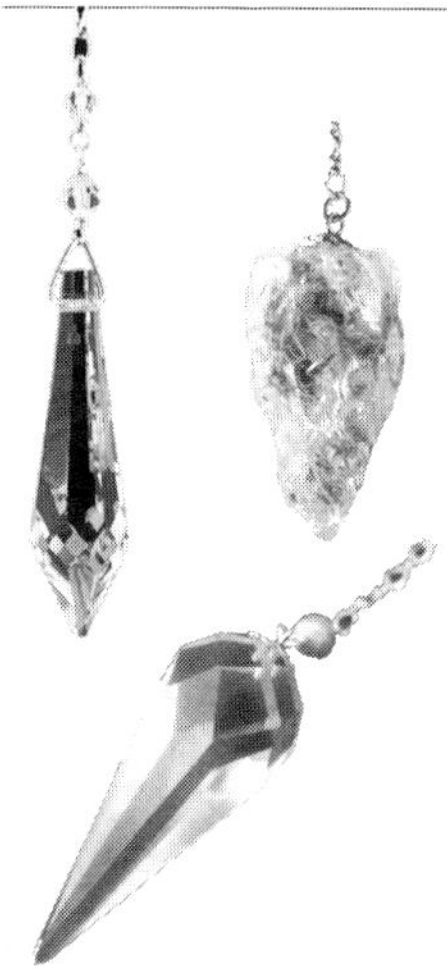

オリジナルのモデルを作れるのも、天然石の良さ。

TYPE H ナチュラリスト

木のペンデュラム

自然のエネルギーを好む人との相性が良く、木独特の柔らかで繊細なダウジングが可能。加工のしやすさから、イシスやオシリスなど幾何学形状の機種もあり、それらの機能と木の性質を併せることも。

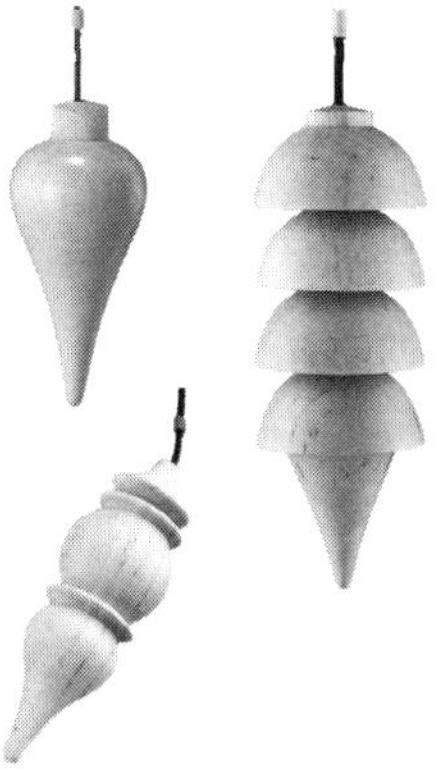

エネルギーヒーラーには、ブナとマホガニー、癒やしの木であるコーカスウッドが特に好まれる。

スーザン・コリンズのダウジング・プロトコル

本書でたびたび登場するプロトコルとは、ダウジングの前に一定のプロセスを踏むルーティーンです。完璧で抜かりない言葉で構成されており、STEP①〜⑤であなた自身をダウジングする状態にしていきます。そして、STEP⑥で今、行おうとしているダウジングが適切な状態にあるかをチェックします。このプロトコルを使うことで、安全で確実にダウジングのシステムにつながり、必要な答えを得ることができます。

STEP①身体レベルのバランスを整える

静かな時間をとり、自分のすべての側面において、バランシング、ハーモナイジング、グラウンディングするという意図を明確に持つ。

STEP②ダウジングシステムに接続する

神と共鳴する自然界の有益なエネルギーとつながることを求め、さらに、その有益なエネルギーによって導きを得て、守護されていくことを求める。
◎ダウジングをする目的、意図を設定する。
◎あなたをサポートするエネルギーと、意図を成し遂げるために役立つ情報を持つ《神聖なるソース》からの助けを求める。

STEP③自己の許し

許しに関わる一切の問題を取り除き、許しを与えるために、次のように唱える。
「創造主よ、許したまえ、そして私は私自身に許しを与えます。私を害したすべてのものを許します。肉体、精神、スピリチュアル、感情、およびエネルギーからそれらを手放します。そして、彼らも私を手放すことを望みます。私ではなく、彼ら自身がその自分の行ったことの責任を取ります」

Lロッドを構えながらエネルギーグリッドを探すスーザン。

「このプロトコルは、宗教的なものを基盤とはしていませんが、私自身の経験では、いわゆるすべての創造物や生命にとっての最高最善のものとつながったときに、もっとも良い結果が得られています」とスーザンは語る。

STEP④無益なエネルギーからのセルフクレンジング

自分のエネルギーフィールドをクレンジングするために、ダウジングツールを手にして、次のように唱える。

「私は、すべての創造物にとって適切かつ最高最善であるために願います。私は私のすべての局面（肉体、精神、スピリチュアル、感情、エネルギー）に関連した、すべての種類の無益なエネルギー（感情、想念、執着など）が、すべての次元、すべての時間枠、すべての現実、すべてのエネルギーにおいて、ただちにそのエネルギーが変質化され、適切なあり方で、すべての創造物にとって最高最善なエネルギーに変換されるよう求めます」

ダウジングツールが**ディスコネクト**のサインを示しているかぎり続ける。もし停止しなければ、ステップ⑧に進む。

スーザン・コリンズのダウジング・プロトコル

プロトコルの完全版と詳細な解説は、書籍『ダウジング・プロトコル』（ホノカ社）に掲載。スーザン本人がダウジングと出合っていかに難病を克服したか、ダークサイドの存在の扱い方など、眼に見えない世界と関わる際に注意すべき点なども鋭く解説している。

column

STEP⑤自己のエネルギーフィールドの最大化

自分のエネルギーフィールドを最大化するために、ダウジングツールを手にして、次のように唱える。

「私は、自分のエネルギーフィールドが、適切なあり方ですべての創造物にとって最高最善であるために、最大化することを求めます。自分の肉体、精神、スピリチュアル、感情、エネルギー的存在のすべての側面が、すべての次元、時間枠、現実、エネルギーの中で、完璧な健康状態であることを求めます」

ダウジングツールが**マキシマイズ**のサインを示しているかぎり続ける。もし停止しなければ、ステップ⑧に進む。

STEP⑥ダウジングする許可を求める

「May I？　～しても良いですか？」

……許しを得てから、ダウジングを行う。

ディスコネクト
エネルギーを断ち切る、リリースすること。

マキシマイズ
最大化する、エナジャイズ（エネルギーを与える）すること。
ディスコネクトやマキシマイズのペンデュラムの動きは、YES／NO同様に、ダウザーによって異なるため、自分のサイン（動き）をあらかじめ決めておく。ただし、多くの場合、左回りがディスコネクト、右回りがマキシマイズを示す。

「Can I? ～することができますか?」

……自分にそのダウジングをする能力があるかを確認する。

「Should I? ～するべきですか?」

……今、そのダウジングをすることが適切かどうかを確認する。

STEP⑦ダウジングの実施

ステップ④と⑤を使って、ダウジングをする場のコンディションを整える。また、そのダウジング結果を事前に知らないこと、そしてどんな結果であったとしても、一切思い煩うことがない心境であることも大切。

◎質問は、明確な言葉で行い、憶測や推測は一切、織り交ぜないこと。
◎ダウジングチャートを使用することで、より正確なダウジングが可能。
◎他者のプライバシーを尊重する。依頼や許可のない事柄は、一切ダウジングしてはならない。
◎他者への奉仕やサポートとしてのみダウジングを行い、自分の利己的な目的のためにはけっして行わない。

◎医師法や薬事法に違反しないこと。医師の資格がない者は、診断や医療的なアドバイスを絶対にしてはならない。

STEP⑧マトリックスの作成

もし、時間を使っても問題が解決に向かわない場合は、永久にエネルギーを保持するエネルギーマトリックスを適切な場所に作ることができる。必要に応じてサポートしてくれる存在の力を借りながら、そのマトリックスがあなたの必要に従って、すべての有害なエネルギーを修正、変質させ、自動的に無効化するようにプログラムする。

STEP⑨セッション後のエネルギーの切断

完全に、意識的に、実際的に、適切に、ダウジングセッション後は、ワークを行ったすべてのエネルギーとのリンクを切断する（ただし、神聖なる源、あなたのスピリットチーム、その他のあなたをサポートする存在とはつながり続けるのが良い）。

ＳＴＥＰ⑩サポートを得たエネルギーへの感謝

自分をサポートしてくれた、すべてのエネルギーと存在に感謝する。

ＳＴＥＰ⑪適切なカウンセリング

クライアントにダウジングセッションを行った場合、何を伝えるべきかをよく確認した上で、適切な情報を伝えながらカウンセリングしていく。不確かなことを安易に口にせず、思慮深い慎重な心を持つ。

※　※　※

あなたのダウジングツールの呼び名を決めましょう。たとえば「ペンデュラム」「Ｌロッド」のように。ただ、「サム」というような名前を付けないでおきましょう。ダウジングツールは、ただの道具です。ツール自体が人格や力を持つことを連想させない方が良いでしょう。シンプルな呼び方が、目の前の作業に意識を集中させてくれます。

V

他者を媒介にして、言葉を紡ぎ出す

指でダウジングする「指談」とは？

加藤　ランディさんは、**指談**という分野に関わっておられますね。僕が知るかぎりでは、指談はダウジングと似ていて……。というよりペンデュラムの代わりに指を使う、**ボディダウジング**（151ページ）と言えるものだと思っています。

田口　私も、実際に指談を間近で見たときに「ダウジングみたいだな」と思いました。だから加藤さんにそう言ってもらうと「やっぱり」という感じです。

加藤　じつは僕は、あまり詳しくないので、指談のことを少し説明してもらえませんか？

田口　わかりました。まず、指談とは他者の指を媒介にして、手のひらに字を書いたり、筆談をする方法です。発語ができない方、意識がなくなった方など、会話によってコミュニケーションがうまくできな

土井 響
さいたま市在住。5歳の頃、最重度の知的障害を伴う自閉症と診断されるも、指談と出合ってから字を書き始める。講演会「耳のまほう〜ことばの外の世界を聴く」（2017年・兵庫県伊丹市）で初めて公の舞台に立つ。

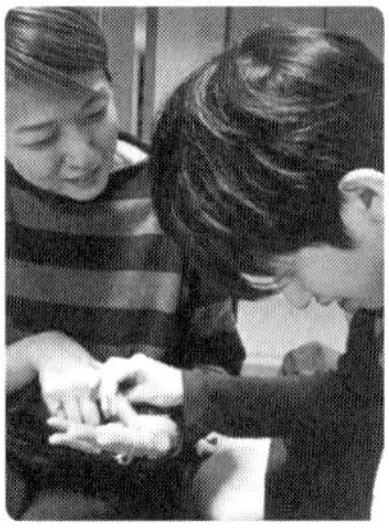

い方たちと、指を通してお話をします。私が関わることになったのは、自閉症で生まれてから一言しか言葉を発していなかった、**土井響**さんとの出会いからです。

彼は知能年齢が測定不能と言われ、他者とのコミュニケーションが取れず、お母さんですら「私を母親と認識してくれているのかしら？」と思うことがあったそうです。

加藤 そこで、指談に取り組んでおられる**牧野順子**さんが現れたんですね？

田口 はい。響さんは普段、知らない人が来ると部屋から出てこなかった。ところが、牧野さんを見た瞬間に「この人はわかるかも」という感じで、近寄っていかれたそうです。

牧野さんが「指を通して私とお話をさせてくれますか、あなたの指に触ってもいいですか？」と話しかけると、嫌がらず自分から指を出したので、お母さんもびっくり。それから意思の疎通ができるようになって、今ではお母さんも指談を覚え、お母さんを通して言

牧野 順子
1954年生まれ。大阪府茨木市在住。心身統一合氣道参段、氣圧療法士。ドキュメンタリー映画『僕のうしろに道はできる 奇跡が奇跡でなくなる日』で指談を知り、学び始める。現在では、意識障害や自閉症の人の家族の要望に応え、全国を回っている。

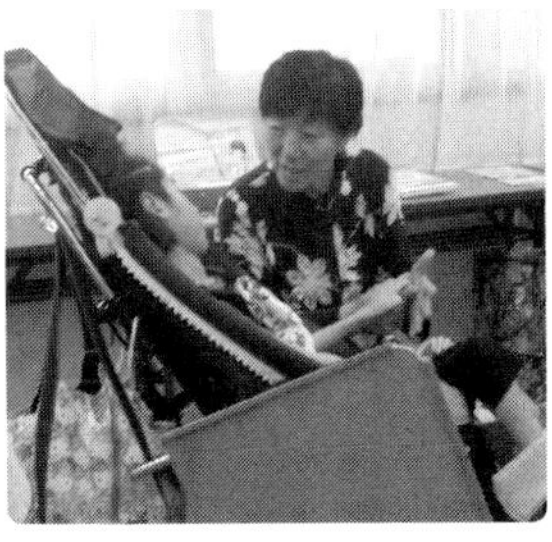

葉を綴っています。

加藤　実際、響さんとお母さんが指談をしている様子とは、どんなものでしょうか？

田口　お母さんが軽く手に持ったサインペンを響さんが動かして紙に字を書くという、難易度の高い方法なんです。でも、ふたりの息はぴったりと合ってて、お母さんはとてもリラックスして、響さんのリードでダンスを踊っているみたいに、すらすらと紙に字を書いていきます。お母さんの意思は入っていません。むしろ、気持ちを遠くに向けているような感じです。指談によって響さんは、自分の状況も家族のことも、もっと遠い世界で起こっていることも知っていたことに、家族も、長年、響さんの介助をしてきた方も、びっくりしたそうです。

情報源は、エナジー・ソース

加藤　響さんは、お母さんを介して初めて文字を書いたのですね。

田口　そうです。響さんは19年間、まったく言葉を発しなかったのに、指談を通して言葉

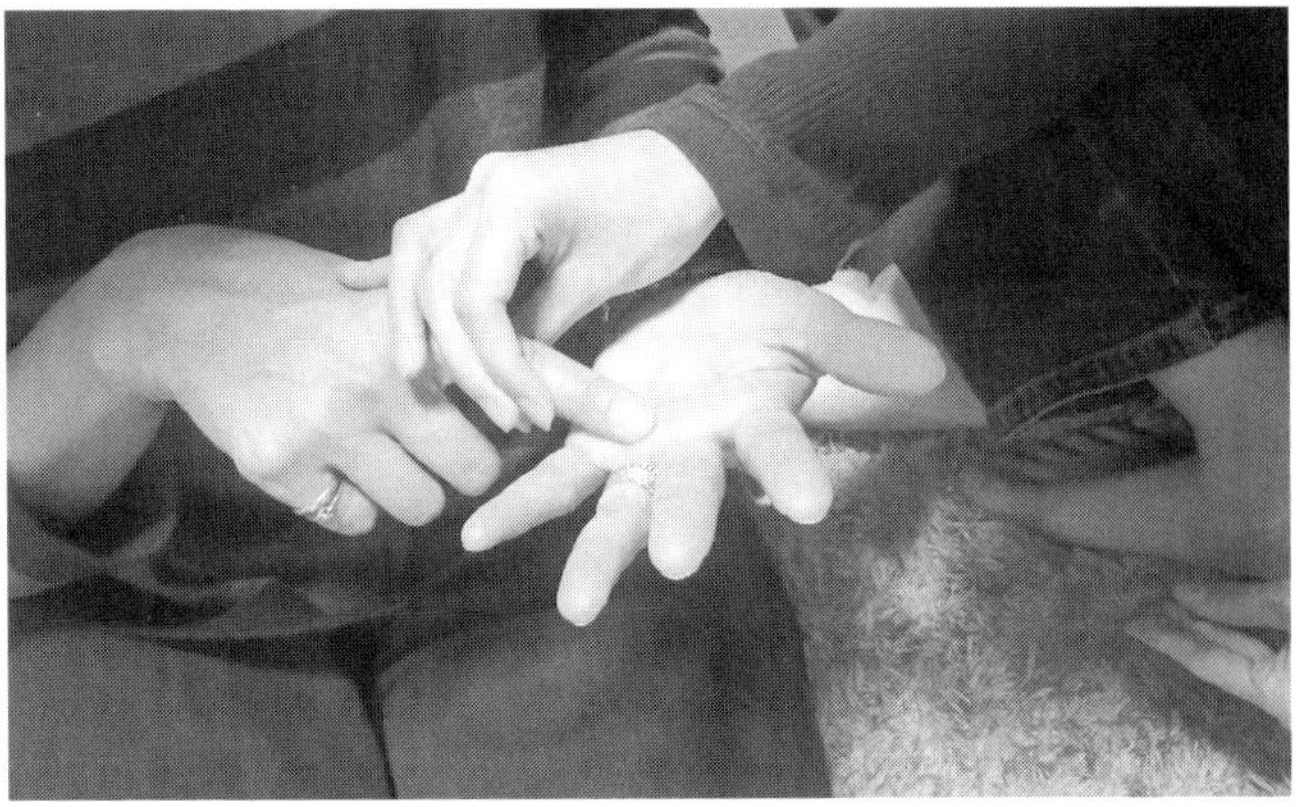

を扱えるようになった。なのに、現在でも「自分は言葉がわからない」と言うわけです。

たぶん響さんは、左脳を使っていなくて、右の耳の奥で感じた感覚を、他者を媒介にすることで文字化している。非言語の情報をキャッチして、人を通して言語に変換するという特殊なことをやっているわけです。言葉がわからないけれど、お母さんを通して言葉を使えている。お母さんの波動と共鳴することによって、お母さんの情報を使って、言葉を使っているのだと思います。これを彼流の言葉で「耳の魔法」と呼んでいます。どうやら、右の耳管でエナジー・ソース（時空間を超えたおおもと）の情報を感知していると考えられます。響さんは私に「耳の魔法のことをたくさんの人に伝えてください」と伝えてきました。私を翻訳者として選んでくれたようです。

加藤　ほんと、ランディさんはもってこいですよ。こういう領域のトランスレイトは。

田口　響さんの言う「耳の魔法」も、ダウジングと似ていると思っています。言葉がわからないのに、言葉で意志を示しているのは矛盾していますが、それは言葉を使う人が間に入って可能になっているわけです。人間の意識を使ってエナジー・ソースとつながるわけですから、ダウジングと同じ原理ではないかしら。どうでしょう？あえて違いを言うなら、感じ取る対象や目的が人間に限定されているくらいではないかと。

加藤　そうですね。僕も牧野さんの指談を見せてもらったことがありますが、ダウジングと変わらないです。ただ、あんなスピードで思考や概念をダウジングできるダウザーは、ほとんどいません。ご存知の通り、通常、ダウザーはＹＥＳ／ＮＯで答えられる質問や、チャートを使って質問を組み合わせる作業をします。しかし、ダイレクトに言葉を紡ぐようなチャネラータイプのダウザーも少なくないので、あのやり方が向いている人もいると思います。

得られた答えは、ほんとうに正しい？

加藤　ダウジングでは、ノイズを拾うことがあるし、情報を間違って解釈することもあります。そういう前提でやっています。ダウジングで得られた答えは、絶対的に〝何か〟に対する正しい反応だけど、その〝何か〟とは、たとえば質問したことではなく、ぼんやり考えていた別のことだった可能性もあるわけで。だからダウジングでは、角度を変えた質問をしてダブルチェック、トリプルチェックをします。指談では、そういう考え方やプロセスはありますか？　やはり、何度か質問してその複合されたもので慎重に判断していく感じでしょうか？

田口　まず指談の場合は、相手が人間で、会話を望んでいるという前提があります。生身の人間の意志があるので、ストレートですよね。だから、ノイズは少ないのかもしれません。人と人が対話する意志があって、お互いにニュートラルならば、かなり的確に意思疎通ができるのではないかと思っています。

加藤　確かに、はっきりしていますね。あと、そう、ニュートラルであることは大切だと思います。ニュートラルでないと、指談をする側の願望や感情の乱れ、同情などがノイズになってしまうかもしれませんし。

田口 たとえば、相手は「そっとしておいてほしい」と思っているかもしれないから、おせっかいや身勝手な親切心でやると、それがノイズになりますね。指談でのノイズはただひとつ、自分のエゴじゃないかな。

加藤 しかも、そのエゴはなかなかわかりにくいものかも。一見、慈悲深く見えるものが、じつはエゴからきているとか。ノイズの影響を考慮することは、とても大切だと思います。指談は、言わば愛情の行為ですが、やり方を間違えれば非常に危険を伴う。だからこそ、プロトコルの確立は、必要不可欠だと思います。

田口 そうですね。人間には、たとえば私みたいに言葉が好きでおしゃべりな人もいれば、黙っていても平気な人もいます。本当に生存や尊厳をかけて言葉が必要な場面は、それほど多くないかもしれません。どうしても意志を確認したいという場面では、YES／NOを答えてもらうだけでも、なんとかなるんじゃないかと。

指談は、たしかにまだプロトコルが確立していないし、実践できる人が少なくて、それぞれがそれぞれのやり方で探求しているような現状です。なので、おのおのの感性が頼りで、「だから、危険でしょ」という人がいても当然だと思います。けれど、危険だからと排除していたら、可能性も消えてしまいます。私はまだ、指談を否定する方を説得するだけの根拠を持っていませんが、ノイズを考慮しながらも伝えていくという方向を選びました。

看取りの場面で紡がれる言葉

田口　私はすでに家族を4人、看取ってきたので、その経験から、指談を知っていたら看取りのときに何かの役に立つのでは、と感じているのです。インプットしておけば、必要なときに使えるかも、と。

加藤　日本人の平均寿命が延びているということは、そういう看取りの場面は増えてきますね。僕自身も、亡くなった父母の最後の言葉を明確に聞きたかったという思いはあります。臨終の厳しい局面で、もし身内が言葉を出せないのなら、どんな手段でもやっぱり聞きたいと思いますね。そうじゃないと「親は、どう思っていたんだろう？」って一生引っかかるかもしれないから。

田口　私の義母が脳梗塞で倒れて失語症になったとき、義母は言葉を発することができなくて混乱していました。相手の言葉は聞こえる。でも、しゃべろうとすると、でたらめな音しか出せない。そういう状態になりました。文字盤で会話をしようとしましたが、あまりにもショックだったらしく、文字を指差そうともしませんでした。倒れて、入院して、肺炎になって、亡くなるまでの間は短かったです。92歳でしたから。その間に、いろいろなことを決断しなければなりませんでした。あのとき、もう少し自分が落ち着いていたら、もっと義母の声を聴けただろうに、と思います。

加藤　実際に、それができた経験のある人ってどれだけいるものでしょうか。でも、ランディさんは何かを感じ取られたのではないでしょうか？

田口　それはありますね。たとえば、家族が失語症や認知症になって入院し、植物状態でチューブにつながれたとき、その姿にショックを受けて狼狽するし、医師の「意識がない」という宣告に「もうダメなの？」と思うんです。そういう場面を、これからもいろんな人が体験すると思います。そのときに「もしかしたら会話ができるかも？」と思い出して、最期の瞬間まで共に生きることができたらいいなと思います。

「ああすれば、こうすれば……、どうしたかったのかしら？」と、亡くなってから後悔しないで済むかもしれません。

思考を意識しつつ、ぼやっとする

田口 指談は、経験が豊富な人はまだ少ないでしょうから、複数の人の立ち会いのもとで行うのがいいと思います。看取りも大勢で行う方が、看取った後の心残りが少なくなりますし。「あれで良かったんだよ」と他者に言ってもらうと、ほっとしますから。

加藤 ランディさんのおっしゃる通り、言葉を持たなかった人、失った人の気持ちをダウジング的手法でくみ取れるとしたら、それは多くの人を助けることになります。もちろん、ゆがんだ解釈をリーディングしたならば、問題を起こすというリスクはあります。でも、何にでもリスクはあります。指談については、世界のプロダウザーたちに動画を見せたりしながら、意見を聞いていこうと思っています。

田口 それに、そもそも他人の意思って、言葉が使えてもわからないことがあります。他者は永遠の謎だなと、家族を看取ってきて思うんです。あまりにわかろうとしすぎても、たぶん間違うでしょうね。
ニュートラルなポジションに立ち続けるのはほんとうに難しいことだし、瞬間瞬間、常に自分の思考を意識しつつ、なおかつぼやっとするという、矛盾することを同時にするのは、集中力がいります。仏教瞑想と似ているかもしれません。**ヴィヴァッサナー瞑想**も、指談やダウジングと通じるところがあるので、習得の助けになる気がします。

加藤 その「自分の思考を意識しつつ、ぼやっとする」という表現はユニークですね。ダウジングでは、①意識をはっきりして明確な問いかけをする、②ぼやっとしてダウジングする、③また意識をはっきりして分析・理解する、という手順ですし、その方法しか教えていません。しかし、ランディさんがおっしゃるような、それらを同時にするようなことは、熟練したダウザーは実際に行っていますから。

田口 最終的には、仏教の菩提心のようなものが生じてくるのではないか

ヴィヴァッサナー瞑想
ヴィヴァッサナーとは、サンスクリット語で「ものごとをあるがままに観照する」という意味。ブッダ自身が修行中から行っていた瞑想法とされ、2千5百年以上も昔から今日まで連綿と伝えられてきた。昨今、大手企業や政府機関でも取り入れられているマインドフルネスは、ヴィヴァッサナー瞑想から宗教色を抜いたものと考えられている。

と思います。そういう精神修業のような側面があるかも。エゴが強いと、相手の気持ちとぶつかってしまうから、会話ができないので。

コミュニケーションのカギとは？

加藤　指談は、これまでコミュニケーションできなかった人との最終手段的な側面もあると思いますが、僕が思うのは、指談をしていたら、じつは健常者同士の会話も良くなるのではないかと思います。

ほとんどの人は、ランディさんのような言葉のプロではないから、自分の言いたいことを言葉にできていません。時に、思ってもいないことを言います。また、聞く方も言葉をきちんと読み取れていません。だから、ほとんどの会話は、チグハグで誤解だらけで、たとえば勘違いで人を好きになり、誤解で人を嫌いになったり、めちゃくちゃで（笑）。指談、あるいはダウジングを学ぶことで感じる力が増すと、人間のコミュニケーション、社会のコミュニケーションがより良くなっていくのではないかと思うんですね。

田口 たしかに。お互いにとって大切な時間を共有するために、さまざまなコミュニケーションが考えられてきたのだと思います。コミュニケーションの方法は、とても多様。そのことを理解しないと、ふだん健常者同士で行っているコミュニケーションが正しくて唯一のものだと思い込んでしまう。手話や指タイプ、ジェスチャーだってコミュニケーションだし、指談もそのひとつです。もちろん、一生、必要がないかもしれない。でも、こういうものがあると知っておいても、損はないですね。

加藤 メールでやりとりするとケンカになるけど、電話で相手の声を聞きながら話すとコミュニケーションが容易になる。さらに実際に会って話すと、もっとうまくコミュニケーションできる。相手の表情や声のトーンとかさまざまな情報を取っているからでしょうね。指談のように手を握って対話したら、なかなかケンカできないでしょうから。

田口 指談はコミュニケーションの方法のようにとらえられがちですが、じつは「どう存在するか?」というポジショニングを決める儀式、手順に近いかもしれないと思っています。というのも、誰かと、あるいは物でも宇宙人でもいいのですが、コミュニケーションをしたいときに、まず、自分という存在のスタンス、ポジショニングがあると思います。このセンスがないと、コミュニケーションが始まらないわけです。

ランディが考える「耳の魔法」が成立する条件

田口　土井響さんの「耳の魔法」とはいったい何なのかと考えてきて、まとまってきたことがあって。魔法とは言っているけれど、これが成立するためには、最低でも3つの前提があるということです。

まず「会話する」ことへの合意。そして、相手の風貌や要望とか、見た目が宇宙人だとかに関係なく、会話ができるという確信。そして、その相手に対する敬意と、お互いが対等であるというスタンス。この3つをもってオープンマインドでいられるときに初めて成立するものだと。

加藤　対話の合意、会話できる核心、敬意ある対等なスタンス、その3つは私たちの日常

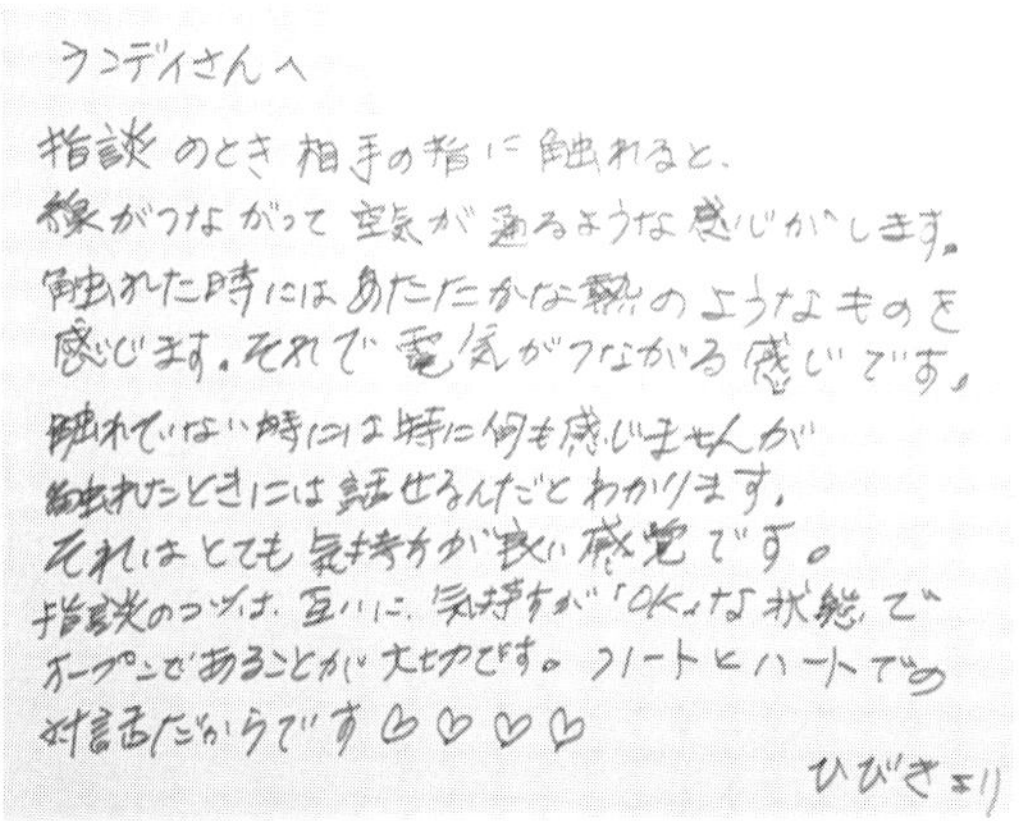
ランディさんへ
指談のとき相手の指に触れると、
線がつながって空気が通るような感じがします。
触れた時にはあたたかな熱のようなものを
感じます。それで電気がつながる感じです。
触れていない時には特に何も感じませんが
触れたときには話せるんだとわかります。
それはとても気持ちが良い感覚です。
指談のコツは、互いに、気持ちが「OK」な状態で
オープンであることが大切です。ハートとハートでの
対話だからです ♡♡♡♡
ひびきより

土井響さんの手紙。「個性的でありながら、読みやすい字。響さんはしっかり自分の意志で手を動かしている。お母さんは響さんのリードにからだを預けている」とランディ。

の会話でも希なのかもしれません。上司と部下、店と客、親と子、夫と妻、あるいは説得したいと思ったり、要求があったり。この3つの条件を満たしていないことの方が多いのかもしれませんね。響さんとお母さんとの間には、この前提がしっかりあったわけで。でも、対等であるというのは、特に難しいですよね。

田口　難しいですよ。この前提に立っていない人が起こすかもしれない危険な出来事について指摘する人もいます。相手のことを尊重していないと、自分のエゴや正義感、自尊心、虚栄心と結びつきやすくなります。そして、相手のことをわかったつもりになって言葉を翻訳してしまうと、事件に発展しますよ、と。そ

れは往々にして起こると思う。いくらでも起こる。

加藤 ダウジングでも占いでも、ヒーリングでも起こり得ますね。日常生活でも。

田口 そう、本質的な問題なんです。指談だろうが、気功だろうが、ダウジングだろうが、遠隔ヒーリングだろうが。人とのコミュニケーションだから、その前提には、必要なプロトコルやポジショニングがある。でも、それが可能になったときに開かれる世界は、ものすごく多様で、相手がペンデュラムなのか、植物なのか、石なのかによってもバリエーションがあるし、それこそ無限のスペクトラムがあるし、宇宙人だって何だって、そのポジションに立てば開かれていく。ただ、そのポジションに立つのが、なかなか難しい（笑）。

加藤 そのポジションに立つためには、どうしていけばいいのか、ランディさんはどう考えますか？

田口 そこに到達している優秀なプロフェッショナルに会うのは大切なことです。そして、言葉のスキルを磨こうよ、ということです。他者と話すときに、専門用語を連発したり、雰囲気だけで身勝手に伝えようとしない。

加藤 そうですね。何でも宇宙の愛で納めようとするのも、スピリチュアル分野が誤解されるきっかけにもなりますからね。

田口 世界はひとつとかおおざっぱなことを言うのではなくて、何を伝えたいのか、人をどう動かしたいのか、やっぱり言葉のスキルをちゃんと磨いていかないと。スピリチュアルなことをするなら、あいまいな言葉じゃなくて、伝わる言葉を常に意識しないと、理解されないですね。非言語的で微妙な世界を言語化するのは大変難しいことだけど、努力していくしかない。話さないでもわかる方がかっこいいという風潮は、間違いだと思います。

加藤 わかります。スピリチュアルな神秘の世界を、SF映画のような感じで楽しみたい人は、難解な言葉や言い回しがたくさん出ると、ミステリアスに感じてうれしいのかもしれない。また、あえてわかりにくい言葉を連発して、自分の価値を高く見せようとする人もいるかもしれない。でも、普通に理解できないことは、少なくとも普通の人に役立つことはないですから。さらに不確かな概念を頼りに人生を歩めば、不確かな人生になるでしょう。もちろん、すべてを言語化できないけれど、努力することで理解できることの範囲は、確実に広がると思います。

指でYES／NO ボディダウジング

Oリングテスト（自分の身体に合う薬や食品などを、指で作った輪が開くかどうかを確認する）をはじめとして、ボディダウジングに類する手法はさまざまありますが、ここでは一人でも簡単にできるテクニックを紹介しましょう。

中指を人差し指の上に乗せ、絞るように力をかけ、中指が横に滑り落ちるように力をかけてみてください（写真①）。その動きをしているときに、「YESを示してください」「NOを示してください」と質問します。一般的には、YESのときには指が張り付いたようになって離れることがなく、NOのときは中指が下に滑り落ちて2本の指が離れるようになります（写真②）。YES／NOの動きが決まれば、あとの手順は通常のダウジングと同じです。

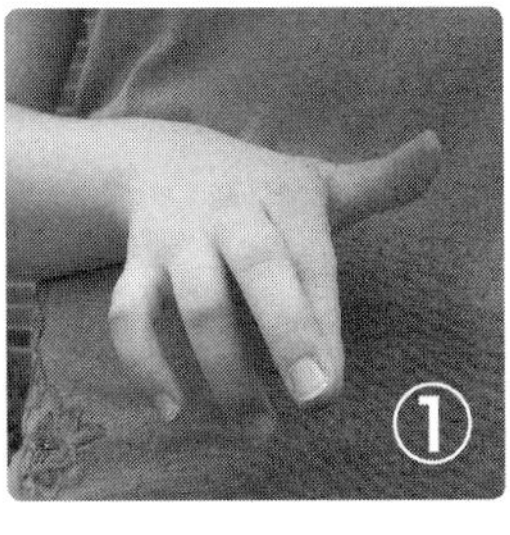

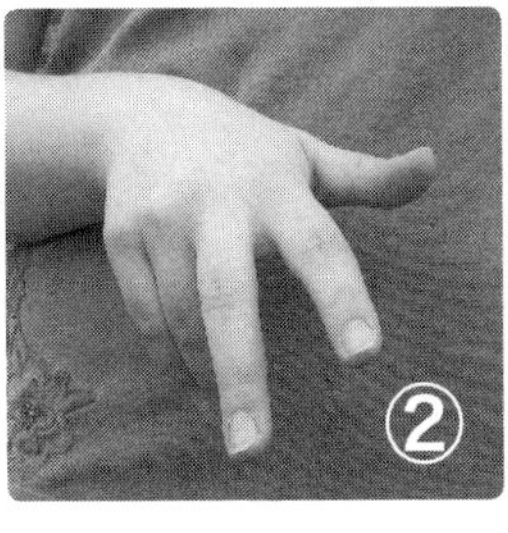

小さくとも〝伝わる力〟を感じて、思いを受け取る

指談は、何十年も前から、障害があって言葉がない人の家族でひっそりと受け継がれてきた手法です。特別支援学校の教員だった山元加津子さんが立ち上げた「白雪姫プロジェクト」を通じて広く知られるようになり、病気や事故で意識がなく、回復の見込みが薄いと思われてきた、いわゆる植物状態の人とその家族に希望を与えています。

指談は、YES／NOからはじまる

ダウジングと同じように、はい（ＹＥＳ）なら時計回り、いいえ（ＮＯ）なら直線を描くという具合に、指の微細な動きを読み取ります。どのように指を持って支えるかは一人ひとりに工夫が必要で、足のかかとで行う場合もありますし、身体のどこも動かない人でも軽く指を触れることで対話ができるケースもあります。

「いま、痛いところはありますか？」

「この姿勢で楽ですか？」

「今日着ている服は、好きな服ですか?」

このような質問で生活の質を高めるだけでなく、コミュニケーションの喜びを分かち合うことができるのです。

「指談するとき、みんな明らかに表情がちがいます。本人が指で丸を描いているわけではない場合でも、伝えたい思いが表情からもわかるんです」(牧野順子さん談)

指談では、指の動きや五感に加え、指から放たれる氣を感じ取っているとも考えられます。慣れていくと「はい」「いいえ」だけでなく、文章を綴ることもできるようになります。自分でペンを持てない人でも、読み手の手のひらを上に向け、読み手の指の間に筆記具を挟むようにして本人の手をのせて行います。

どうして指から言葉を読み取れる?

土井響さんのように生まれてからほとんど言葉を使ったことがない人や、生後数ヶ月の赤ん坊でも指談をしているケースが

「耳のまほう~ことばの外の世界を聴く　田口ランディ×牧野順子×土井響」講演会にて(2017年7月1日・兵庫県伊丹市)。合氣道参段である牧野さんが、指談のコツを合氣道の練習法にたとえながら解説した。

あります。このことを、どう説明できるのでしょうか？
「私たちは、学んで言葉を獲得するのではなく、生まれたときから言葉を持っているのではないか」（山元加津子著『指談で開く言葉の扉』より）
たとえば、動物や昆虫は生まれた時点から、自分が何を食べるか、どんなふうに狩りをし、巣をつくるのかを知っています。同じように我々人間も、生まれながらにして〝言葉を持っている〟（言葉の情報にアクセスできる）のではないかと、山元加津子さんは語っています。
信頼のおける他者を媒介に、思いは言葉に変換することができる、身体と言葉はつながっている……。指先や手のひらに伝わる、ごくごく小さな動きは、コミュニケーションの新たな可能性を示すだけでなく、どんな状態の人にも思いがあり、その思いを理解する尊さを教えてくれているようです。

山元 加津子
1957年金沢市生まれ。作家。元石川県特別支援学校教諭。ドキュメンタリー映画「1／4の奇跡～本当のことだから～」は、彼女の活動を追った作品で、現在までに千カ所以上、海外18カ国以上で自主上映会が開催されている。著書には『本当のことだから』（三五館）、『きいちゃん』（アリス館）、『手をつなげば、あたたかい』（サンマーク出版）、『みみずと魔女と青い空』（公硯舎）などがある。

VI

「存在の仕方」を意識するということ

軸はひとつではなく、無数にある

加藤 今日の対談で何度もテーマにしてきたことですが、ダウジングでは「わかりやすく言葉で説明すること」は非常に大事だと思っています。「ギュンときて、ピカッとなるから」とか言っても抽象的でわかりにくい。それよりも「ペンデュラムが強く右回転を始めたため、そこは非常にエネルギーの高い場所だと考えられる」という方が良いと思うのです。

田口 熟練のダウザーは、やはり言葉を正確に使うわけですね。

加藤 そうですし、言葉がエネルギーをコントロールする最も有効なツールだと知っています。ダウジングでは、プログラムという行為が必須です。プログラムとは明確な言葉によってなされます。スーザン・コリンズのダウジング・プロトコル（126ページ）を構成しているのは、周到に慎重に準備された完璧で抜かりない言葉ですから。つまり、そういう言葉を使えるのは、ニュートラルポジションに立てているからなのでしょうか？

田口　そうでしょうね。ダウジングでも、その他の手法でも、ニュートラルポジションに立てるかどうかだと思います。そのポジショニングが基本で、そこに立てれば、あとはバリエーションなので、好きなことをやればいいわけで。

加藤　ランディさんのおっしゃるポジショニングとはどんなものでしょう?

田口　存在の仕方を自分で決定するということです。これがないと何も楽しめないし、何も利用できないと思う。

加藤　では、どうしたら、そのニュートラルポジションに立てるのか、ランディさんはどう考えますか?

田口　ニュートラルポジションは、常に〝いまここ〟という感覚に身を置くことです。生き方とか考え方と深く関わってくると思います。「昨日できたから、今日も」ということではなく「今日は今日」です。いまこの瞬間に自分がヴィヴィッドに関与している感じを持つような「存在の仕方」を意識し、意識し続けるという生き方が可能にするものだと思います。軸と言うこともできますね。ただ、軸はひとつではなく、無数にあります。たとえば、いびつな石をバランスをとって立てる場合にも、軸は無数に存在しますよね。いろんな軸で石を立てることができるはずです。

加藤　軸ですか？

田口　そうです。まずニュートラルポジションの身体を体験して、それを意識し、探るような感じではないでしょうか。今日、自分はどんな感じなのかを常に意識し続け、感覚をつかまえる。今日の身体と心で、今日の感覚をつかまえる。その意識の持ち方そのものがニュートラルポジションで、決まった一定の状態ではないのだと思います。

加藤　軸は無数にある、ですか。ふつう、軸はひとつにしぼれと言われるもので、眼からウロコですね。じつは、僕もそれと近いことを思うときがあって、昔、整体師をしていたのですが、クライアントの身体が曲がって歪んでいたら、それを人体模型のように戻そうとするのが仕事だったけれど、それは必ずしも良くないと思い始めたのです。その人が生きてきた歴史があって曲がっている〝理由〟がある。その理由で何かを守っているか、バランスをとっていることもある。心のバランスも同じかもしれませんね。

「当たる」「当たらない」は、いりません！

田口　軸が無数にあることを感じれば、「当たる」とか「当たらない」という意識は邪魔になるでしょう。それは本来、おまけであって、結果や成果ではないと気づく。ダウジングするときに、自分の心身が〝いまここ〟にどう参加しているのか、感じて調整すること、そのプロセスが気持ち良くて楽しいという経験ができると、結果にこだわらなくなると思います。

〝いまここ〟で展開している世界とのコミュニケーションなので、会話自体が楽しいし、会話の結論はどうでもいいように思えたら、コミュニケーションはとてもうまくいってるってことじゃないでしょうか。もちろん、探しものが出てきたり、身体のバランスを調整できたり、そういうことはあると思いますが、それらはどれも会話のおまけみたいなものではないかと。

加藤　「当たる」「当たらない」は邪魔って言い切っちゃったのは、ランディさんくらいですよ（笑）。でも、ダウジングやスピリチュアルに関わるすべての人に聞かせてあげたい。ダウジングは調和の技術だから、正しく行えば、必要なことが必要なときに授かるものだと思っています。だから一見、外れていたことが、後から考えると、じつは当たっていたというケースがよくあるんですよ。

田口　ちなみに、僕の場合は、考えて努力したことなど何ひとつ叶っていませんね。努力したときより、偶然起こったことから偶然がつながって何かが成し遂げられたり、偶然のサポートのおかげで思いもしなかった結果に導かれたり、でした。頑張らないときの方がうまくいきました。

田口　人生が用意してくれるものは、あまりにも想定外なので、考えてもどうしようもないな、と思います。言葉は一度にひとつの方向からしか光を当てられないので、かなり言葉を尽くしても、人生の多面性を語り尽くすことはできないでしょうね。

自分自身が〝環境〟になるということ

田口　スピリチュアルなことに関わるということは、一種の神事ですから、信仰があるかないか以前に、なにか大きな見えないエネルギーを信じて関わろうとするということじゃないですか。だから、自分のポジショニング、精神環境に関して責任を持たなければならない。自分自身がすでに〝環境〟であるということを自覚することが大切です。

加藤 特に環境、場のエネルギーに働きかけるダウジングをするときは。

田口 ええ、そのためにはまず自分が環境にならなきゃいけない。自分をニュートラルな場所に入れて、ある程度、安定させられるくらいの精神状態をいつも目指すようになる。そういう目標を持てると人生は楽しいな、と。ダウジングはツールを使う手法ですが、ツールを使って人の役に立つということは、自分を高めていくこととイコールでしょう。

加藤 そうやって見ていくと、武道などと同じですね。ゆえに、魔法的な要素を入れ込むとブレるんでしょうね。雑誌でよく取り上げられる「ヒーリングで幸せをゲットする」とか「ダウジングで宝くじを当てよう」でもいいですが、受け取るに値する自分になって、受け取ったものをどう使いたいか決まっていれば、よけい当たるんじゃないかな、とも思いますし。

一瞬で治るものは、一瞬で戻る？

加藤 ランディさんはよく「絶対無理と言われると必ず叶う」とおっしゃいますよね。作家になる前にも、編集者に「あなたは絶対、デビューできない」って言われたのに結局、一作目の小説がいきなりベストセラーになったわけで。

田口 自分にとって都合の良いジンクスは、たくさん作っておけばいいんじゃないかと思います。絶対に無理と言われたら絶対にできる。これはジンクスです。だからってすべてがうまくいくはずはないけれど、「絶対に無理だよ」って言われたとき、すごく元気になりますよ。「よっしゃ！ならできる」と。他人に迷惑をかけないかぎり、自分に対してどこまでもご都合主義で通せばいいんだと思っています。

実際にスーザン・コリンズ（45ページ）は、ダウジングによって健康を取り戻したのですから。それでも5年かかっているわけですから、継続は力なりですよね。昨日今日、気まぐれでやってエネルギーがぼーんと上がるっていうものでもないと思うのです。そんな効果があったら、かえって危険です。もっと微細で、フラジャイルなエネルギーだから信頼できます。

加藤 そうですね。スーザンは、苦しんできた自らの病を治す目的でダウジングを学びましたが、やり始めていくと、生き方を自分らしくすることに意識が向いていったようです。結果、治った。奇跡を起こしたかもしれませんが、5年かけて自然療法も化学療法も併せて回復しました。ケミカルは状況に従い段階的に減らしましたが、全否定したわけではありません。

よく、奇跡の療法家が一瞬で治すパフォーマンスをしますが、でも一瞬で治るものは一瞬で戻るとも言えますし、実際そうです。パフォーマンス好きな治療家だけでなく、ヒーリングしているときは調子がよくなって見違えるようなんだけれど、15分もすると元に戻るとか、よく聞きます。

田口 心には働きかけられないですからね。エネルギー的には、本人の意識エネルギーの方が強いのでしょう。自分には自分のエネルギーがいちばん強く働くので。いくら他者から送られても、私がどう思っているかで脳が動いているから。

加藤 その状態をヒーリングの世界では「癒やしは、癒やしを受け取る準備が完了してからじゃないと……」とはよく言われることで。

田口　それが完了している人には、癒やしはいらないんじゃないですか？

加藤　まさに、そうなんですよ（笑）。

田口　ダウジングは、良いエネルギーをつくるじゃないですか、ツールによって。でも、良いエネルギーって思ってるけど、そのエネルギーを使うのはマインドだから、そのマインドがやはり大事ですよ。

極端な話になるけれど、「原子力をどう使うか」と似ていますね。原子力自体は、良いエネルギーでも、悪いエネルギーでもない。ただ、人のマインドがそのエネルギーの用途や質を決定しているわけで、マインドがあってこそのエネルギーなんですよ。ダウジングの技術とか才能がどうこうよりも、エネルギーを使えるマインドがあるかどうかが、いちばんのポイントになりますね。

トマトジュースとのコミュニケーション

田口　この前、眠れない夜に「トマトジュースとどうコミュニケーションするか」という原稿を書いていたんですよ。ちょうど目の前にトマトジュースがあったから（笑）。私は、何とでもコミュニケーションが可能だと思っていますが、ダウジングもそうですよね？

加藤　そうですよ。

田口　ですよね、コミュニケーションだと思っていない人が多いもので。

加藤　非言語のコミュニケーションでもエネルギー交換が始まるから、もちろん危険なこともありますが、トマトジュースなら安全でしょう。

田口　それで、トマトジュースとね、コミュニケーションするぞというときに、何が大事かというと、当たり前だけど、対象物である目の前のトマトジュースを好きになることなんです。そうすると、色が変わる。

加藤　トマトジュースの？

田口　はい（笑）。

加藤　その前に、コミュニケーションの定義って、ランディさんはどう考えますか？　エネルギーを交流させるということ？

田口　親近感、親和力ですかね。非言語のコミュニケーションだから、おしゃべりするのとはまったくちがう次元なんだけれど、対象物に親和力で働きかけることによって、こちらの意識が変わるわけです。

そうすると、見え方が変わって、色がちがって見えるわけです。早い話が思い込みです。トマトジュースって普通に見れば、なんか濁った赤ですけど、だんだんきれいに見えてくる。飲んだときも、まろやかなんです。身体に入ってきたとき、自分に融合してくる感じで。まあ、午前4時に書いた原稿なので、半分は夢です（笑）。こういうことの積み重ねで、だんだん生活が変わってくると思います。世界を自分の意識の力で編集している感覚が強くなっていく。

加藤 僕はアサガオの栽培をしているので、花とのコミュニケーションではよくわかりますね。よくやっています。種から双葉がでてくるところを3時間とか4時間とか、ずっと見てたりとかしながら。

田口 ステキじゃないですか！

加藤 ええ、幸せですよ。毎日、同じ時間に同じ方向から、同じハチが飛んでくるんです。虫たちにもテリトリーがあるってわかるんですね。ほんとに同じことを毎日しているんです、みんなが。僕自身もなんですが。

田口　自然の一部分になってるわけですね。

加藤　プロダウザーは、土地とコミュニケーションしているわけですから、似たような感覚です。

田口　人間同士とのコミュニケーションとは、ぜんぜんちがいますね。

言葉自体に固有のエネルギーがある

田口　プロダウザーの方たちは、信仰心に近いものを持っていると思います。自分を越えたエネルギーには、美しい意思があると信じていて、そこにアクセスできる自分になるために身心を調律していこうという考え方がありますね。

加藤　サムシング・グレート（偉大なる何者か）につながる、あるいはその中にいるというのが基本ですね。サムシング・グレートとつながるために、言葉を使う。言葉自体に固有のエネルギーがあって、つながり始めると共鳴する。面白いのは、中には「思いを込めないで唱えた方が良いんだ」って人もいます。

田口　言葉にすでに意味が入っているから。それはどちらでもかまわないのでしょうね。

加藤　思いを込めて唱えていると思っても、100%信じられているかというと、人間だからできないこともありますから。

田口　疑ってもいいから毎日やって、それを欠かさないということが大事なんだと思います。やはり手順は大事かな。きっちり手順を踏むことに、いろんな意味があるのだと。

加藤　シャーマンもそうですね。儀式をていねいに行う。スーザン（45ページ）がよく質問されることは「この長いプロトコルを略せるものはないですか？」らしいのですが、答えは常に「ありません」ですし。

田口　それは「神様に略式で良いですか？」って言っているのと同じだから、ありえないのでしょう。でも、プロトコルは、慣れてきたら自分で作ってもいいものではないかと。自分流のプロトコルを。

加藤　今までの話をまとめると、ダウジングのような技術を実際の生活に活かすには、活かす主体であるところの個々のマインドが成熟していないと、ということですね。マインドを成熟させていくためには、やはりプロトコルが有効であると。

田口 有効だと思いますね。でも、最高なのは、人間関係だと思います。人間関係が人を磨くのだと。

加藤 やはり、尊敬できる人と会うのはいちばんですね。

田口 ええ。自分の人間関係に、自分が文句を言っていないか気づくことも大事ですね。よくおみくじに書いてあるように、嘘でもいいから人を褒めて（笑）、相手を敬い、大切に接する。ごもっともすぎるんですが。私は、ポジティブ・シンキングについて考えていたことがあって、20代30代の頃は、ポジティブなことばかり言う人を疑っていたんです。でも、自分が半世紀ほど生きてまわりを見渡すと、良い方に解釈する人が成功していますね。

加藤 たとえば「ありがとう」を繰り返し言うと幸せになる、という人もいるじゃないですか。メールにぜんぶ「ありがとう」を書いてくるとか。でも、目的がいやらしいような波動を感じたりはしませんか？

田口 それは、すごくわかる。けど、歳をとったら気にならなくなりますよ。この人は一生懸命なんだな、と思います。

加藤 そうか、バカヤロウとかメールしてくるより、ましですね。

田口　そうですよ。なんだかんだ言っても、そういう方向に努力している人を応援したいですね。

精神筋力を鍛えるトレーニングとは?

加藤　若い頃の僕は、ずっと厳しい顔をしていて、悩んでつらいことがあって、38歳で会社を辞めて、ダウジングの世界に飛び込んだわけですが、当時、会社では、バカみたいにケラケラしてて、根拠なく楽観的に物事を考える人の方がうまくいって売り上げがあるのが、腹が立ってしかたなかったもので……。

田口　私も。そういうタイプの人は、いやでした。

加藤　ネアカとか、ネクラとか、よく言われた時代ですよ。

田口　なんでも良い方に考えたら物事が良くなるなんて、そんなうまい話があるわけないじゃん、とか思ってました。20代とか30代の頃は。でも、半世紀生きてると、その方がうまくいくとわかったんです(笑)。

加藤 腹の中はちがっていても、声として出している方にエネルギーは流れてくるのでしょうね。

田口 意識を好ましい方向に向けることが生活習慣になったのでしょう。精神も筋トレみたいなことができます。毎日何か唱えていれば、結果として出るんです。基礎精神力がある人は、アゲて、アゲてきた人なんです。これはポジティブ・シンキングでもなんでもなく、筋力なんだなと。

加藤 精神力を鍛えるには、精神筋トレですか？　人間関係や尊敬できる人に会うということも、トレーニングメニューになりますかね？　それ以外に何があるんだろう。

田口 私のクリエイティブ・ライティング講座では、顔筋トレも教えています。顔は筋肉の集まりで、しかも狭い範囲しかないから、筋トレするとすぐ効果が出るのです。

加藤 顔は、特に筋肉の種類がたくさんあるんですよね。精神状態をいちばん表すところでもあるし。

田口 そう、だから細かく顔筋を鍛えるトレーニングを開発したんです。「女神顔筋トレ」って名付けたんですけど。ただの笑顔ではなくて、慈悲に溢れた、美智子皇后のようなスマイルを研究して（笑）、それを再現できるようなトレーニングを開発したわけです。1日わずかな時間でも2週間続ければ、効果が出ますよ。顔筋トレをお教えすると、みんな笑顔の筋肉を鍛えてくるから、1ヶ月後に会うと、とってもかわいくなってるんです。笑いやすくなるし、いつもニコニコしてるから、周囲の人もうれしくなって、話しかけられやすくなったとか。

加藤 一銭もかからないし、いいですよね（笑）。それに顔って絶対、人から見られますし。

田口 そう、写真写りもよくなるし、メリットばかりです。そういう遊びをしながら、作文していくわけです。

加藤 まず自分に自信を持ってもらうわけですね。そしたら、いい文章になるのは当然のことで。

田口 言葉で説明しようとする前に、いろんな角度から感覚を磨いていくんです。そのときにダウジングも利用します。だいたい最終段階ですね。記憶の深いところに入りたいときに、何に使うかというと、最初にお話したように、ネーミングです（34ページ）。

加藤 文章の題名ですか？

田口 いえ、自分の中にいるセルフ、いつも見守ってくれている自己に対して、それぞれがインスピレーションで付けた名前を発表してもらう。ずっとあなたの味方で、ずっとあなたを応援してくれる存在、ということにする。すると、いろんな名前を付けますし、その名前を大事にしてくれるんですよ。「ボブ」という名前をつけて、「講座が終わってからも、ずっとボブといっしょにいます」という人もいました。

加藤 漠然とエンジェルとか龍とか呼ぶより、自分の意志で決めた名前は定義がしっかりしていますね。

田口 そう、それは、あなたをずっと見てきた存在ですよ、と伝えています。

加藤 外の存在ではなく、自分の内側の存在ですね。

田口 あなたのことを知っているのは、あなた自身だから。他人に聞かないで、自分に聞く。そのためのツールがダウジングです。

加藤 なるほど。

田口 さきほど加藤さんがおっしゃったサムシング・グレートも、その一部に自分が重なっているような感覚ですよね。自分、つまり自我は何かというと、レースできれいに編んだテーブルクロスのようなものだと思うんです。ほどけば一本の糸になる。思考とはそういうもので、思考によってできているのが自我。何度でも生まれ変わって、生命は一本の糸で、ずっとつながっている。

加藤 最後は、その糸をほどくのですか？

田口 死ぬときはね。死ぬまでは、因果がありますから。

VII

エネルギーを整える シンプルな方法

エネルギーには、良いも悪いもない

加藤 僕は、ダウジングを通してエネルギーというものを学んで、その技術を仕事や人生に活かそうとしてきました。おかげで最近では、偶然というか引き寄せなのか、なんでもトントン拍子です。たとえば、出張先で時間が余って軽い気持ちで訪問した会社と大きな仕事をすることになるとか。十数年ぶりに再会した友人が、ちょうど探していたペンデュラムの製造技術を持っていたとか。ランディさんも、そういうことだらけの印象がありますが、ご自身ではどう感じていますか？

田口 勘がいいとは思っていますね。クリエイティブ・ライティングの講座の生徒さんでも、勘がいい人は多いですし、透視ができる人もたくさんいます。ただ、そんな能力と人生がうまくいくかどうかは、ぜんぜん別のことですね。

加藤 スポーツ選手でも、現役時代は礼儀正しいのに、引退して社会に出るとダメになっていく人もいますしね。知り合いに高度なヒーリングをするダウザーがいて、セッションルームでペンデュラムを振っているときは愛と調和に溢れているんです。けど、私生活は訴訟ばかりの闘いの日々で……、とか。不思議なんだけれど、そういう人もいますね。

田口　直感力や愛や調和のエネルギーって、誰でも普通にあるものだから、ベストな状態で生活できれば、勝手に発現してくるものだと思います。でも、たとえ能力があっても、さっき話したように、心のバランスが整っていないと、その能力をうまく活かせないわけで。そういう人にはパターンがあるんです。自己憐憫が強くて、自分をかわいそうと思っていて。なにかにつけて「私ばかり……」とか、直感が優れている自分が怖いとか、逆に自慢もしていたりとか。心のバランスが整っていないときは、その能力のせいで、あえて自分にとって悪いものを引き寄せてしまうことがあります。

加藤　心の状態と同じエネルギーが響いてくるわけだから、状態が悪ければ、直感力があるだけに、よけいに引き寄せますね。エネルギー自体には良いも悪いもないのだけれど、自分の放つ波動や思念が自己憐憫だったり、依存的だったりすると、やはり同じものを引き寄せるわけで。

田口　それで、シッチャカメッチャカになるわけですね。

加藤　そして、どんどん幸せから遠ざかってしまう。僕も、霊能者と呼ばれる人たちと関わることがありますが、秋山さんや江原さんは幸せそうなんだけれど、その他の霊能者の人たちと言えば、いつの間にか借金まみれになっていたり、人を扇動してお金を取るようなことをしたり、とにかく幸せそうじゃないし、不安そうに見える。あと、恐怖心もあるのかな。「ひどいことがあった」って、いつも言っている印象があります。

田口　ひどいってとらえること自体が、自己憐憫に近いのではないですか。誰の人生にも、良いことも悪いことも同じくらいあるものだから、そこをどう見るかですね。恐怖心があるということは、起こったことを悪い方からだけ見ているということじゃないですかね。

加藤　やっぱり、根本には、自分をかわいそうと思う心があるのかな？

田口　でしょうね。まわりがかわいそうって言うからなんですよ。だから「私、かわいそうなんだ」って半分、洗脳的に思い込まされちゃうんだけど、かわいそうでもなんでもないですよね。だって、そういう苦労した人の方が成功したりするお話はいっぱいあるでしょう。早い話が、どうでもいいことなんですよ（笑）。

丸は、最初の神聖図形

加藤 秋山さんの本（111ページ）に「神からの啓示は、言葉ではなく、形として授かる」と書いてあったのが非常に印象的でした。昨年、ランディさんとは青森県のストーンサークルを巡りましたが、あれは丸い形でしたよね？　また、家紋というものは丸で囲まれています。面白いのが、たとえば「加藤」とサインしたとき、丸で囲みたくなります。「加」と書いて丸で囲んだり、「か」と書いて丸で囲んだり。これは日本人の感性の素晴らしいところだと思うのですが、丸のエネルギーを知ってるんですね。丸は、神様が最初に作った神聖図形と言われています。丸を描いたら、その中心に高いエネルギーが発生するので。

田口 日本ダウジング協会の幾何学的な場のエネルギーへのアプローチには、興味を持っています。30年くらい前ですかね。神聖幾何学の本

世界中の歴史的建造物に見られる丸（半円球）のドームからも、ネガティブグリーンのエネルギーが確認できる。

などを読んで、世界を構成している幾何学があるんだと知りました。角度など、精緻な計測に基づくエネルギー調整は、おおざっぱな私には苦手分野ですが、古代から人は、場のエネルギーを形や数値で整えていたと思います。数値も「波動」であり、変換すれば「音楽」にもなり、心身に影響を与えるものだから。

加藤 前述のように、ダウジングの分野では「形」のエネルギーを使っていかに場のエネルギーを整えていくかに取り組んでいます。まずエネルギーを計って、何らかの「形」を使って直して、直ったことを確認して、と、測定する技術があるわけです。だから、家の改善も超チープにできるんです。例を挙げると、**L90BGステッカー**というのがあって、ただのL型のプラスチックですが、こんな簡単なものを貼るだけで、家はパワーアップします。

田口 セコムのシールみたいなものですか（笑）。

加藤 貼るだけで効果が出るという点では同じかもしれないですね（笑）。そもそも、コーナー・プリンシプルと言って部屋の角の90度からエ

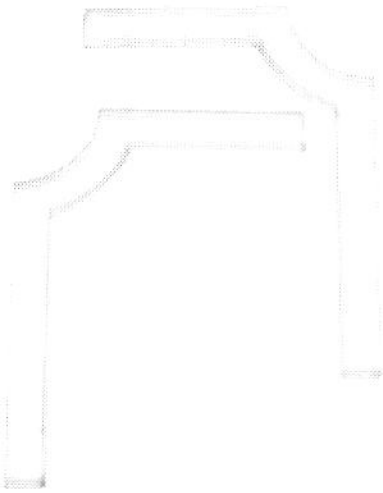

エナジーバランシング L90BGステッカー
窓ガラスや鏡の角などに貼り付けて使う。L字パターンはイブラヒム・カリム博士が発見したバイオジオメトリー形状の中でもとても重要なもので、仮想サークルの中心を作り、そこにBG3エネルギーを発生させるという基本原理が活かされている。

ネルギーが放たれることは知られています。部屋の角に良いものを置いて、部屋全体にエネルギーを広げられるんです。ちなみに、部屋の角にゴミ箱を置く人も多いと思いますが、この論理から言えば、ゴミのエネルギーを部屋中に広げているわけですね（笑）。

田口　そもそも、どういう仕組みで、エネルギーが広がるのですか？

加藤　このL90BGステッカーは、仮想の円の中心にあるBG3エネルギーを90度の角度の特性を使って広げています。また、Lをつくる2本の直線の長さの比率が、**黄金比**の1.618になっています。もともとこの90度は、古代の知恵として受け継がれてきたのですが、家電などの電磁波に対しては66度が良いことがわかり、さらにWi-Fiやスマートメーターのような強力なものは、110度が良いとわかっています。いま、人類は長い歴史の中でも最悪のエネルギー下に生きていて、そのひとつが**電磁場**です。風水、家相とか、いろんなロジックがありますが、それらが確立された時代と現代とではエネルギー環境が異なりますから、実際に探知して調整したりと、現代に

黄金比
古代ギリシャでの発見以来、人間にとって最も安定し、美しい比率とされている。歴史的な建築物や美術品のみならず、自然界でも多く見られ、人間の脳には黄金比を使ったオブジェクトやイメージを好む傾向が生まれつき備わっていると考えられる。

電磁場
電場と磁場の総称であり、電磁波ができるフィールド。送電線や家電、屋内の電気配線などから出る電磁波は、数十年という長いスパンで心身に影響を与え続けると考えられる。

は現代の新しいロジックが必要で、ダウジングや幾何学形状の世界ではそれに対応しているわけです。

田口 ロジックの世界を極めていくと、ロジックの外が表れる。いいですねえ。ロジックは非ロジックを生んでしまう。そこがまた面白いですね。

加藤 ランディさんが使ってみたプレート（81ページ）も、そんなロジックがたくさん施されていますよ。プロになる方にはしっかりトレーニングを受けてもらいますが、才能やトレーニングが必要ではなく、初心者でも安価で簡単に役立つものが提供できるのは、ダウジングの良いところです。

エネルギー調整で、町に鳥が戻ってきた

田口 加藤さんは、日常生活に役立つダウジングを目指しているところが面白いですね。オカルトじゃないんだよね。私は、オカルトが好きなの。オカルトは必要だと思うんです。なぜかというと、神秘がないと、人は意識するのをやめて合理だけに走る

から。でも、神秘に魅了されると、依存的になる。難しいものですね。とはいえ、加藤さんは能力者でもあり、体験もあるから、バランスが取れていると思います。現実的なくらいでちょうど良いのかもしれません。見えないエネルギーの実際的な活用という面では、日本は出遅れているから、期待しています。

加藤 実際的な活用で言えば、社会的規模でも始まっています。有名な例は、スイスのヘンベルグという町での取り組みです。電磁波障害がたくさん出ていて、鳥が一切いなくなるほどになっていたんですが、行政側と電話会社が協力し合って、**バイオジオメトリー**というダウジング理論を取り入れ、町全体を正常に戻したんですよ。そして、鳥も戻ってきて。じつはそんな事例が結構あるんです。

田口 おおっ、それは、素晴らしい取り組みですね。

加藤 電磁波障害を取り除く器具は、使うのに技術と知識が必要ですが、それを小さくひとつにしたのが、**ホームエナジーバランシングキット**というもので、これは誰でも使えます。大金をかけなくても家の

バイオジオメトリー

古代エジプトの叡智、そして自然そのものが持つ、形、色、音、数、動き、それらの固有のエネルギー性質を調査研究し、体系化した理論。イブラヒム・カリム博士によって40年以上にも及ぶ研究の末、創設された。この論理では人、動物、植物、建築物、環境、電磁波の害などあらゆる分野に対し、特定のバイオジオメトリー形状が特定のエネルギーの性質を作り出し、生命エネルギーシステムのバランスを促す。バイオジオメトリー形状は、2〜3のディメンションを持つ独自形状により、特に地球のエネルギーフィールドと相互作用をもたらすようにデザインされている。

エネルギーが整うわけです。

田口　公益的な場をつくるときに、ダウジングの思想が入ってきたら面白いですね。駅や広場などがエネルギー調整されていたら、通行人はあまりイライラしなくなるかも。東京オリンピックを前にして、東京は建設ラッシュ。駅もいつも工事をしていて迷路みたい。イライラしますよね。地下に潜ると苦しいので、なるべく地上を歩くようにしていますが、地上もビル乱立。もっと幾何学的な形状を意識して街が造られたらいいなあ。

加藤　古くに建てられて現存する建築物は、必ずといっていいほど幾何学形状で造られていますよね。そしてバイオジオメトリーを取り入れた大きい建築物も、実際にできています。

田口　たぶん、ロジックも少しずつ変化はしていくんでしょうね。変化することでズレが生じて、そのズレからまた別のものが生まれてくるような、そういう長い変化のプロセスの中にあるものではないか……と。幾何学的なものの背後にも、生命が生まれるような、

ホームエナジーバランシングキット

バイオジオメトリー研究者であるカリム博士が開発。ＢＧキューブは空間のハーモナイズに使い、結界のような特定空間をつくり、バランス化していく。ＢＧストリップとＬステッカーで水道経路や電気配線が駆け巡る屋内のエネルギー適正化も行うことで、簡単に住宅全体の改善が可能となる。

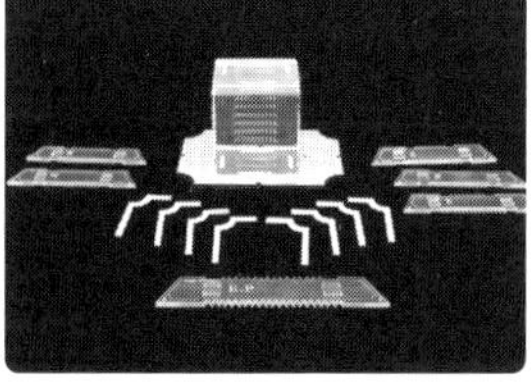

ズレというか、不規則性が働いていて、そこに人間の意識が関わっていたら、スリリングだなって思います。

絶対ってないし、絶対を信じると失敗する。その失敗が、じつは気づきとチャンスだったりする。そうなれば神秘は〝究極の遊び〟です。もしなにかしらの結果が出たとしても、それが目的ではない。クリエイティブな遊びだと思って楽しめれば、最高にエキサイティングですね。

加藤さん、また、エネルギーダウジングの旅に行きましょうね！　今度は、神秘の宝庫であるエジプトにしましょうか？

加藤　いいですね！　行きましょう。

田口　じゃあ、ピラミッドの前のピザハットで待ち合わせしましょうか！

加藤　え……、あるんですか？

田口　ケンタッキーでもいいですよ。

加藤　ケンタッキーもあるんですか……。衝撃的な光景ですね（笑）。

あとがき　神秘を現実に活かすために

ＪＳＤ日本ダウジング協会　加藤 展生

ランディさんはオカルト好き、僕は現実的なことが好き、という立場で対談は進みましたが、もちろん、僕自身も子どもの頃から不思議なことが大好きで、心霊、超能力、ＵＦＯ、そんな類の本を読み漁っては、神秘の世界に憧れていました。

オカルトという言葉は、ラテン語の「occulere」の過去分詞「occulta」（隠されたもの）を語源としています。五感を超えた感覚でなければわからない超自然的なこと、非科学的なものが隠されてきたのは、それぞれの時代で何らかの事情があったのでしょう。

しかし、現代においては、もはや隠すべきものなどなく、有益であれば自由に取り入れるべきです。五感でわかることや科学で証明されたことでなければ信じない、という姿勢は、あまりにもったいない！

そもそも、神秘の世界や未知の世界は、現実世界と裏表であり、影響を及ぼし合っています。だからこそ、その扱い方を学ぶことが何より大事だと考えています。

僕が行っているセミナーは、ダウジングでエネルギーを探知して変化させたり、自分のエネルギーが変わる様子を計測したり、時にオーラを見たりというふうに進めていきます。受講生の皆さんは、特定の法則やツールを使うと簡単に効果が出るとわかると、だんだんと眼の色が変わっていきます。

とはいえ、ダウジングの技術を学びに来た方たちが、もっとも関心を寄せ、身を乗り出すように聞いてくれるのはまた別のことで、手前味噌ですが、冒頭で述べたように僕自身がダウジングと出合って、どう人生が変わったか、なのです。つまり、これは現実的、具体的に活かしたいということの表れではないかと思っています。

そういうこともあって、ダウジングの技術だけではなく、技術の活かし方について伝えていきたいと思い、本書の企画を携えてランディさんの仕事場を訪問させていただきました。幾度も対談を行い、こうして本ができあがって改めて感じるのは、ランディさんは作家として作品を残すだけでなく、自分自身の人生を豊かにすることに、とにかく真剣だということ。ジャンルも次元も簡単に越えるすさまじいまでの探求心は、そういうことだったのかと実感しました。

僕がヒーリングの世界に入って最初に気づいたのは、いわゆる人生の成功者と呼ばれる人たちは、五感で感じる以外のものも信じ、活用しているということです。彼ら彼女らは、神様が巧妙に仕組んだ計画としか思えないことを常に引き寄せ、トントン拍子に物事が進むということを経験しています。それゆえ、自分の弱さや小ささを知り、大いなる力、大自然、サムシング・グレート、神、関わるすべての人たちへの感謝を欠かしません。

五感を越えたものを受け入れながらも現実的な行いをする。大いなるものにゆだねながらも自らの意志で動く。こんな、まるで熟練のダウザーのような生き方を選べたのなら、人は誰でもおのずと有益なエネルギーと共鳴し、やがて自らも調和のエネルギーを放って、まわりの人たちを幸せにしていくのではないかと思うのです。

本書が、皆さんと楽しい明日を歩むためのきっかけになれば幸いです。

最後になりましたが、多忙の中、今回の対談を引き受けていただいた田口ランディさん、本書に登場していただいた皆さまに、心からの感謝を捧げます。ありがとうございました。

田口ランディのwebマガジン「ヌー！」

このwebマガジンは、スピリチュアルな内容を多く含みます。もちろん社会問題や、身近な話題もありますが、他のメディアでは書けないことをお伝えしたくて始めました。魂のこと、見えない世界のこと、信じられない偶然や、奇跡についてありのままに書いています。心の奥深いところから送られてくるサインにどのように気づき受け取るか、さまざまな賢者から聴いたお話をわかりやすくことばにしています。特定の宗教や思想とはまったく関係がありません。神秘的な出来事とうまくつきあって、日々を豊かに生きていきましょう。

月額500円　月2回不定期更新（既刊36号）更新時にはEメールで送信されます。

※詳細は「note」をご参照ください → https://note.mu/randyt

ペンデュラム入門＆エナジーダウジングレベル1講座

ペンデュラムを使ったことがない初心者から中級者を対象としています。ダウジングの基礎と、エナジーダウジングの基礎、イシスペンデュラムの使い方とそのヒーリング・メソッドが同時に学べる講座です。エナジーダウジングの世界を初めて学ぶ方にも最適です。

エナジーダウジングレベル2講座

ラディオニックペンデュラムは、3つのディメンションでカラーヒーリング（クロマセラピー）を行うことができ、クライアントのエネルギーコンディションを測定しながら同時にハーモナイズできる、ヒーリングペンデュラム世界最高峰の機種です。レベル2講座では、このペンデュラムのテクニックを唯一、日本で学ぶことができます。

※各講座の概要は、日本ダウジング協会Webサイトでご参照ください。
→ http://dowsing.jp

本書に関するお問い合わせ

JSD日本ダウジング協会®
The Japanese Society of Dowsing

〒420-0046 静岡県静岡市葵区吉野町4-7
TEL 054-270-5490　info@dowsing.jp
http://dowsing.jp

JSDBOOKS 003

ダウジングって何ですか？

2017年12月9日　第1刷発行
2020年10月9日　第2刷発行

著　者　加藤 展生　田口ランディ
発行者　中村 茂樹
発行所　ホノカ社　http://honokabooks.com
〒571-0039 大阪府門真市速見町5-5-305
電話 06-6900-7274　FAX 06-6900-0374
E-mail info@honokasha.jp

印刷所　シナノ印刷

ISBN978-4-907384-05-0 C0011

ホノカ社 好評既刊

エナジーダウジング

未知なるヒーリングテクニックを獲得する

著者 **加藤 展生** JSD日本ダウジング協会会長

初心者向けダウジング入門と、神聖幾何学形状エネルギーを活用した世界最先端のテクニック「エナジーダウジング」を一冊に。あなたのヒーリングレベルを次のステージに引き上げます！

四六判ソフトカバー／213ページ

価格：1,200円＋税

ISBN978-4-907384-03-6 C0011